# S Ŵ N

Sŵn y glaw am bump y bore,

Sŵn y sêr ar ddiwedd siwrne,

Sŵn cyfarfod a chyfathrach,

Sŵn y rhai sy'm yma bellach,

Sŵn y galar yn y galon,

Sŵn y trên a sŵn hen ddynion,

Sŵn y tafod aur yn toddi,

Sŵn y taw ar ddiwedd stori,

Sŵn y Beatles, sŵn barddoniaeth,

Sŵn penillion a chwedloniaeth:

Dyna'r sŵn sy'n gyrru rhywun

Gam yn nes tuag at y dibyn.


**Iwan Llwyd**
*São Paulo, Rhagfyr 2007*

# AWEN
# IWAN

GOL.TWM MORYS

Ⓗ Twm Morys/Cyhoeddiadau Barddas ©

Argraffiad cyntaf 2014


ISBN 978-1906-396-72-5

Cyhoeddwyd gyda chymorth ariannol Cyngor Llyfrau Cymru.

Cyhoeddwyd gan Gyhoeddiadau Barddas

Argraffwyd gan Y Lolfa, Tal-y-bont

# CYNNWYS

# CYFLWYNIAD

*Twm Morys*

Pan fydd bardd farw, wedi tymor y teyrngedau a'r nosweithiau coffa, bydd trafod mawr o'r newydd ar y dyn a'i waith. Anodd ar y naw ydi gwahanu'r ddau beth yn llwyr, yn enwedig yn achos bardd oedd wedi hen roi'r gorau i gredu bod ffin rhyngddyn nhw.

Ysgrifau'n ymwneud â *gwaith* Iwan Llwyd sydd yn y gyfrol hon – dyna oedd y briff i bawb – ond gan fod y cyfranwyr bron i gyd yn gyfeillion iddo, anochel ydi ein bod yn cael rhyw gip cil-llygad ar rith y dyn a'i het gowboi bob hyn a hyn, a da o beth ydi hynny i arbed y gyfrol rhag bod yn gasgliad o draethodau cwbl academaidd.

Y farn am Iwan Llwyd wedi'r trafod ydi mai y fo oedd bardd Cymraeg mwyaf ei genhedlaeth. Ymhen blynyddoedd eto, pan fydd hyd yn oed Guto Dafydd wedi mynd i'w aped (a bwrw, fel sydd raid inni, y bydd darllen o hyd ar farddoniaeth Gymraeg), rwy'n credu y bydd y farn honno wedi newid, ac y gwelir mai Iwan Llwyd a ganodd orau o neb mewn unrhyw genhedlaeth am y 'newyddfyd Cymraeg'.

'Mae o 'di bod
ar darth ers
sarthdeg chwech'

# PRENTISIAETH FARDDOL IWAN LLWYD

*Manon Wynn Davies*

**M**ae o 'di bod ar daith ers saithdeg chwech,' meddai Iwan Llwyd am y Gaucho crwydrol o Dde America yn ei siaced ledr a'i wallt yn gwynnu.[1] Cyhoeddwyd geiriau'r gân yn y gyfrol *Iwan, ar Daith*, ac fe sylwa Geraint Løvgreen yn ei nodyn wrth ei hochr nad dieithryn oedd y Gaucho hwn o gwbl, ond estyniad o gymeriad y bardd ei hun.

Cychwynnodd taith Iwan Llwyd fel bardd yng nghanol y saithdegau, ac yn ystod y flwyddyn honno, 1976, yr hwyliodd am y brifysgol yn Aberystwyth i astudio ar gyfer gradd yn y Gymraeg. Yno, daeth i gael ei gydnabod yn dipyn o fardd gan ei gyd-fyfyrwyr, aeth i'r afael â'r gynghanedd, a newidiodd Iwan Lloyd Williams yn raddol yn Iwan Llwyd Williams. Gellir olrhain llwybrau cynharaf ei yrfa farddol yn bellach yn ôl eto, fodd bynnag, i'w gyfnod yn Ysgol Uwchradd Friars ym Mangor, lle bu'n ddisgybl rhwng 1969 ac 1976.

Cyfeiria ar sawl achlysur at ei gyfnod yn Ysgol Friars fel y cyfnod y dechreuodd ymhél â barddoniaeth, ac mae'n sôn yn gyson hefyd am ei ddyled i'w athro Cymraeg yno, Hywel Bebb, a fu'n gyfrifol am sbarduno'r diddordeb ynddo wrth astudio cerddi R. Williams Parry a T. H. Parry-Williams. Yn drwm dan ddylanwad T. H. Parry-Williams, un o'i hoff feirdd ers y cyfnod cynnar hwn, dechreuodd Iwan ysgrifennu ei farddoniaeth ei hun, a gydag anogaeth ei athro cyhoeddodd rai o'r cerddi yng nghylchgrawn blynyddol yr ysgol (*The Dominican*, a'r *New Dominican*). Teg cadw mewn cof mai cerddi llencynnaidd yw'r rhain, cerddi wedi eu hysgrifennu dan ddylanwad y farddoniaeth a astudiwyd yn yr ysgol, ac mae iddynt nodweddion a ddisgwylid gan fardd ar ei brifiant, fel yr arfer o osod yr ansoddair o flaen yr enw. Ond er gwaethaf y duedd naturiol i ddynwared beirdd eraill, mae modd gweld egin bardd â chryn botensial mewn mannau.

Cafodd Iwan ei fagu yn sŵn barddoniaeth y Beibl ac odlau a rhythmau emynau; roedd ganddo felly sylfaen gadarn, stôr barod o ddelweddau, a geirfa goeth yn danwydd wrth fynd ati i farddoni. Gwelir bod crefydd yn thema gyson yn ei gerddi cynharaf ac mae osgo Cristnogol i nifer ohonynt. Mae'n sôn yn fras am bwysigrwydd ei fagwraeth Gristnogol mewn ysgrif fer yn y gyfrol *Pac o Feirdd*:

Fel mab i weinidog roedd geiriau yn rhan bwysig o 'mywyd ers yn gynnar iawn. Er bod pregethau ac emynau

yn medru bod yn ddiflas iawn i hogyn ifanc, mae'r gorau
ohonyn nhw yn llawn o ddisgrifiadau a delweddau byw,
o straeon neu droeon difyr, ac o farddoniaeth.[2]

Er nad oedd ôl argyhoeddiad Cristnogol amlwg ar
farddoniaeth Iwan wedi ei gyfnod yn yr ysgol, rhydd eto
bwyslais ar werth ieithwedd y Beibl mewn ysgrif yn ei
golofn yn y cylchgrawn *Barddas*. Gwêl dristwch yn nirywiad
traddodiad y capel, traddodiad sy'n fodd i gadw barddoniaeth
yn beth byw a ddefnyddir yn naturiol o ddydd i ddydd:

> Gyda dirywiad crefydd draddodiadol, prin erbyn hyn,
> hyd yn oed o fewn y gymdeithas Gymraeg, yw'r rhai
> sy'n llefaru neu ganu barddoniaeth wych y Beibl a'r
> emynau o wythnos i wythnos – ffynhonnell o eiriau a
> delweddau i genedlaethau o feirdd, hyd yn oed y rhai
> mwyaf paganaidd a gwrthgrefyddol.[3]

Â magwraeth draddodiadol o'r fath, ac agwedd ddeallus tuag
at farddoniaeth o oedran ifanc, does ryfedd i Mari Beynon
Owen, un o'i gyfoedion yn yr ysgol, ddisgrifio'i hargraff
gyntaf o'r bardd fel 'rhywun gwladaidd, wedi'i drwytho yn y
"pethe" – capel a drama a thipyn o sgolor'.[4]

Cerdd ddiniwed, ddiffuant ac iddi'r teitl 'Sŵn y Gaeaf' oedd
y gyntaf i'w gweld mewn print ganddo yng nghylchgrawn yr
ysgol yn 1973,[5] ac yntau'n ddim ond pymtheg oed ar y pryd.
Dilynwyd hi'r flwyddyn ganlynol gan gerdd benrhydd arall,
'Y Fenai'.[6] Erbyn ei gyfnod yn y chweched dosbarth, y soned
oedd prif ffurf y cerddi a ysgrifennai Iwan. Cyhoeddodd

ddwy soned ac un gerdd rydd yn rhifyn 1975 o'r *Dominican*, a thair soned ac un gerdd rydd yn rhifyn 1976. Yn ddigon difyr, cofia ei athro Cymraeg yn Ysgol Friars iddynt drafod ffurf y soned mewn gwers yn ystod y bedwaredd flwyddyn, ac i Iwan aros ar ddiwedd y wers honno i holi mwy am y mesur ac am y beirdd a'i defnyddiai.[7] Roedd y soned yn amlwg wedi cydio ynddo, ac mae'n arwyddocaol mai *Sonedau Bore Sadwrn* a roddwyd yn enw ar ei gyfrol gyntaf a gyhoeddwyd yng nghyfres Beirdd Answyddogol y Lolfa yn 1983, cyfrol sy'n dwyn teitl y gerdd gyntaf ynddi ond cyfrol nad oes ynddi yr un gerdd ar ffurf soned. Mae'n debyg fod rhyw gyfaredd ynghlwm â'r mesur ym meddwl y bardd, swyn a ddaliodd ei afael ynddo hyd 2009 pan gyhoeddodd ei gyfrol olaf o bedair soned ar hugain, *Sonedau Pnawn Sul*.

Mae nifer o'r cerddi a ddaw o ddwy flynedd olaf Iwan yn yr ysgol yn drymlwythog gan ddylanwad barddoniaeth T. H. Parry-Williams, ac ôl yr arch-sonedwr ei hun i'w weld nid yn unig ar y mesur ac ar oferu'r llinellau o fewn ffrâm y soned, ond ar themâu ac ieithwedd nifer o gerddi 1975 ac 1976. Gweler wythawd y soned 'Caethiwed', er enghraifft, sy'n efelychiad triw o lais Parry-Williams:

> Ar ddiwedd hirddydd cynnes mwyn o'r haf,
> A machlud haul yn lliwio'r wybren draw
> Dros lewod llonydd Pont y Tiwb; fe af
> O ddwndwr maith diderfyn tref y baw,

I geisio rhyw dawelwch uwch na'r byd;
Ar lethrau unig hen Eryri gref
Caf ddianc rhag holl boenau dyn i gyd,
Ar fawnog fryn ychydig is na'r nef.[8]

Myfyrdod digon tebyg i'r hyn a geir yn rhigwm T. H. Parry-Williams, 'Hon', sydd yn y soned, lle cyflëir rhyw berthynas anesmwyth, anorfod rhwng y bardd a'i gynefin. Fel yr aeth Parry-Williams am dro i ffoi rhag clegar y Cymry, mae Iwan hefyd yn ymgyrraedd tua'i hafan yn Eryri, man sy'n cynnig lloches iddo rhag bywyd trefol Bangor. Er mwyn cymhwyso profiad ei arwr i'w brofiad ei hun ac i'w ardal ei hun, mae'n sôn am bont Britannia uwch y Fenai wrth gyfeirio at 'lewod llonydd Pont y Tiwb', ac mae'n cyfosod, mewn modd digon Rhamantaidd, ddisgrifiad digon hyll o Fangor fel 'tref y baw' â glendid dihalog natur. Yn driw i arddull Parry-Williams, daw'r 'Ond' ar ddechrau'r chwechawd i newid cyfeiriad y soned wrth iddo sylweddoli mai ofer yw ffoi dros dro, 'Ond hanner munud, frawd! Paham y ffoi / O'r byd a'i holl helbulon', a gwêl ei fod yntau, fel y llewod, yn gaeth i'r fan.

Yn wahanol i Parry-Williams, fodd bynnag, a deimlai dynfa gref tuag at Eryri a Rhyd-ddu, nid oes gan Iwan deyrngarwch mawr tuag at ardal arbennig. Fe'i ganed yng Ngharno ym Mhowys, cyn i'r teulu symud i Dal-y-bont yn Nyffryn Conwy, ac yna i Fangor pan oedd Iwan yn ddeg oed. Wedi dweud hynny, efallai mai Ceredigion oedd y lle â'r gafael tynnaf arno ers cyfnod ei blentyndod, a theulu ei fam yn hanu o'r cyffiniau, fel y dywed mewn ysgrif ym mhapur bro Dyffryn Teifi, *Y Garthen*, yn 1990:

> Er gwaethaf fy nghrwydriadau ffôl, yr ardal sy'n fy nhynnu'n ôl dro ar ôl tro, a'r man â'r atgofion hapusaf yw ardal Brongest yn ne sir Aberteifi, cartref mam, a lle y byddem yn ymweld ag o'n rheolaidd bob gwyliau hyd ganol y saithdegau pan dorrwyd y cysylltiadau olaf â'r lle.[9]

Parhaodd y cwlwm rhyngddo a Cheredigion gydol ei yrfa farddol, a gwelir bod cyfeiriadau at rannau o'r sir yn ymddangos yn gyson ganddo. Wedi cyhoeddi'r cerddi 'Soar y Mynydd' a 'Traethau' yn *Sonedau Bore Sadwrn*, cawn ein tywys ganddo fwy nag unwaith i Aberystwyth ac i Dre-saith, i Bontrhydfendigaid a Cheinewydd, cyn dychwelyd i 'Soar y Mynydd' drachefn yn *Sonedau Pnawn Sul*.

Clywir adlais arall o 'Hon', ac adlais o agwedd amheugar T. H. Parry-Williams yn 'Symlrwydd' hefyd, fel y gwelir yn nwy linell gyntaf y soned:

> A oes rheolaeth ar ragluniaeth nef,
> Neu hap a damwain yw ein bywyd ni?[10]

Â yn ei flaen i holi p'un ai Duw ynteu dyn sy'n rheoli trywydd bywyd. Ac yntau'n ddim ond dwy ar bymtheg oed yn ysgrifennu'r gerdd, mae'n holi cwestiynau dwys a dyrys. Dengys yma ei adnabyddiaeth dda o'i Feibl trwy gyfeirio at y ddelwedd o'r ddynoliaeth fel clai yn nwylo Duw'r crochenydd (gweler Eseia 64:8), a thrwy ein hatgoffa mai o'r llwch y crëwyd dyn. Ceisia fynegi rhyw ansicrwydd mawr fel y gwnaeth T. H. Parry-Williams mewn sonedau fel 'Ofn', 'Argyhoeddiad', 'Dychwelyd' a 'Moelni'. Ond yn wahanol i Parry-Williams yr amheuwr, gŵyr Iwan mai yn ei ffydd a'i grefydd y mae'r angor i'w sadio pan gaiff ei lyncu gan yr ansicrwydd tywyll hwn. Daw'r oleuedigaeth Gristnogol ar ddiwedd y soned, yn y cwpled olaf:

> Bu farw Iesu ar Galfaria fryn.
> Ceir datrys holl broblemau dyn yn hyn.

Yr un argyhoeddiad Cristnogol sy'n perthyn i ddiwedd 'Rhybudd', soned a gyhoeddwyd yn y *New Dominican* yn 1976:

> A llewyrch seren ddisglair Bethlehem,
> Trwy'r Eglwys, eto'n dal yn olau byd
> I'n harwain drwy'r tywyllwch i'r crud gwair
> Lle gwelwn wir ogoniant Baban Mair.[11]

Achub cam yr Eglwys a wna yn y soned hon, a hithau'n drwm dan lach cymdeithas. Er mwyn diosg y rhagfarnau mai 'rhagrith a sarhad' sydd tu ôl i ddrysau'r addoldy, rhaid yw cydio'n dynnach yn y ffydd a pheidio â cholli golwg ar yr hyn sy'n bwysig ac yn ganolog i Gristnogaeth. Gwelir osgo crefyddol hefyd yn 'Y Proffwyd', soned arall a ymddangosodd ar dudalennau *The New Dominican* (1976) lle sonnir am ddallineb pobl i'r neges Gristnogol. Defnyddir delwedd feiblaidd arall drwy gyfeirio at ddameg yr heuwr, a geiriau'r proffwyd yn ymdebygu i'r hadau a syrthiodd ar y tir sâl.

Mae teyrngarwch Iwan i'w ffydd ac i'r Eglwys yn ystod ei lencyndod yn nodwedd bur annisgwyl yn y cerddi hyn, ac yn dipyn o syndod i unrhyw un sy'n gyfarwydd â chorff aeddfetach ei farddoniaeth, sy'n cofleidio pynciau seciwlar a chyfoes gan amlaf. Ni chafodd ei gefndir Cristnogol ei ddiystyru'n llwyr ganddo chwaith wedi'r cyfnod hwn; gwelir iddo ddefnyddio fwy nag unwaith gyfeiriadaeth at alltudiaeth yr Iddewon o Israel a chysylltu profiad yr Iddewon â phrofiad y Cymry fel dwy genedl orthrymedig. Cafodd y gymhariaeth hon ei defnyddio ganddo yn y gerdd a enillodd iddo gadair eisteddfod ryng-golegol 1980, ac eto'n ddiweddarach yn y cerddi 'Y Lefiad'[12] ac 'Ar lan afonydd Babylon'.[13] Gwelir bod cyfeiriadau a delweddau beiblaidd yn britho cerddi fel 'Aberth',[14] 'Ar lwybr y pererinion',[15] 'Pasg yn Nulyn',[16] 'Nadolig 1988'[17] a 'Gorffennwyd'[18] hefyd, ac enwi rhai yn unig, ond fe ymddengys mai prinhau a wna'r cyfeiriadau o gyfrol i gyfrol.

Nid hanner mor annisgwyl yw gweld arlliw o genedlaetholdeb a gwladgarwch yn y cerddi cynnar, fodd bynnag. Fel yr adlewyrcha Seisnigrwydd cylchgrawn y *Dominican*, roedd y Saesneg yn bresenoldeb cryf yn Ysgol Friars, ac efallai mai ymateb yn reddfol i hynny yr oedd Iwan yn y cerddi herfeiddiol sy'n dangos angerdd dros ei wlad a'i iaith leiafrifol. Roedd yn sicr yn cydnabod yr her oedd yn ei wynebu ef a'i gyd-ddisgyblion o Gymry Cymraeg ar y pryd:

> Fel disgybl yn ysgol Seisnig Friars ym Mangor, roedd criw bychan ohonom ni yn ceisio glynu at yr iaith, yn wyneb cryn dipyn o ragfarn a malais.[19]

Roedd yn ymwybodol o'r dylanwad estron oedd yn bygwth ymosod yn dragywydd ar y ffordd Gymreig, Gymraeg, ac aeth ati'n ymarferol i gyfrannu at achos y Gymraeg yn yr ysgol trwy fod yn ysgrifennydd y Gymdeithas Gymraeg yn ei flwyddyn olaf yno. Mae'r gerdd 'Y Teledu', a ymddangosodd yn y *New Dominican* yn 1976, yn enghraifft o'r ymwybyddiaeth boenus oedd ganddo o'r dylanwad Seisnig oedd yn llifo trwy ddrysau aelwydydd Cymreig gyda dyfodiad y teledu lliw, a oedd yn dal yn beth go newydd pan gyfansoddwyd y gerdd. Caiff y bachgen pedair oed yn y gerdd, bachgen a chanddo enw Cymraeg da, Dafydd Alun, ei ddadrithio a'i siomi wrth sylweddoli nad yw'n deall y Saesneg a glyw ar y teledu, ac mae'n sylweddoli ei fod yn wahanol i 'drigolion y byd lliw'. Daw'r ergyd ar ddiwedd y gerdd:

> Nid celwydd yw'r teledu i rai heb brofi gwell,
> Ond ffaith sy'n adlewyrchu byd estron, Seisnig pell.[20]

Dangos ymwthiad traddodiadau allanol ar ddiwylliant Cymreig a wna'r gerdd 'Yr R.A.F. yn gorymdeithio fel rhydd-ddinasyddion Bangor' hefyd.[21] Cyfeiriodd Iwan at y gerdd honno mewn ysgrifau diweddarach, gan ddangos sut y bu cyfochri'r cyferbyniol a chanfod ffin yn ysgogiad iddo ysgrifennu o'r cychwyn cyntaf:

Fe ddois o hyd i'r gerdd yn ddiweddar, yn llechu dan dudalennau'r blynyddoedd, a cherdd oedd hi yn ymateb i benderfyniad Cyngor Dinas Bangor i gyflwyno rhyddid y Ddinas i Awyrlu'r Fali, gyda'r seremoni yn digwydd ar y sgwâr y tu allan i Eglwys Gadeiriol hynafol Deiniol Sant. Dyna'r ffin ar un waith, y ffin rhwng rhyfel a heddwch, rhwng traddodiad militaraidd Prydain a hen grefydd Geltaidd Cymru, rhwng grym milwrol llywodraeth Loegr a'r man lle gorwedd Owain Gwynedd.[22]

Mae'n sefydlu'n glir ar ddechrau'r gerdd y lleoliad a'r flwyddyn:

Tu allan i'r Eglwys Gadeiriol ym mlwyddyn dathlu
Sefydlu cell Deiniol Sant ym Mangor,
Ym mlwyddyn Cymru i Grist ym mis Mawrth
Mil-naw-cant-saith-deg-a-phump.

Byddai lle ac amser yn nodweddion amlwg o gerddi diweddarach Iwan, ac fe nodir yn aml ganddo ar waelod y ddalen yn ei gyfrolau barddoniaeth y lle a'r flwyddyn y cafodd cerdd ei chyfansoddi. Wedi iddo beintio llun o'r digwyddiad hwnnw ym Mangor a'i cythruddodd, ac o'r milwyr a'r bobl barchus yn dathlu ac yn ymfalchïo mewn grym imperialaidd, mae'n cadw ei ergyd eto ar gyfer clo'r gerdd:

Rhoi rhyddid y ddinas yn nwylo'r Estron pell
A chaethiwo'r Cymry yn nyfnder eu cell.

Mynegi rhwystredigaeth bachgen ifanc a wna nifer o'r cerddi hyn, ac mae'n amlwg ei fod wedi darganfod mai drwy farddoniaeth y medrai ysgrifennu am y pethau oedd yn ei gorddi i'r byw ar y pryd. Yng nghanol y cerddi o gyfnod Iwan yn y chweched dosbarth, cerddi a all ymddangos braidd yn unffurf ar brydiau, mae meddwl aeddfed ar waith a chryn wreiddioldeb yn perthyn i gerddi fel 'Y Teledu' ac 'Wedi'r Ddrama', cerdd arall a ymddangosodd yn rhifyn 1976 o'r *New Dominican*.[23] Nid oedd byd y ddrama yn anghyfarwydd i Iwan ac yntau'n rhan o Gymdeithas Ddrama'r ysgol yn ystod ei flwyddyn olaf yno. Y flwyddyn honno, llwyfannwyd drama Saunders Lewis *Eisteddfod Bodran*; rhoddwyd Iwan i chwarae'r brif ran a chafodd ei ganmol yn hael am ei berfformiad mewn adolygiad yng nghylchgrawn yr ysgol. Cerdd sy'n dangos byrhoedledd pethau yw 'Wedi'r Ddrama'; ar un wedd, darlunio'r gwacter yn y theatr wedi i'r ddrama orffen a wna, a'r cyffro pan gaiff y theatr ei llenwi drachefn, ond ni ellir peidio â gweld y llun fel microcosm o rywbeth ehangach. Gyda'r sôn am iaith, gwlad a chrefydd yn y gerdd, gallwn gymryd mai sefyllfa'r Gymru Gymraeg sydd ganddo mewn golwg yn y gerdd hon fel yn 'Y Teledu'. Mae'r newydd-deb a geir yn y ddwy gerdd yn argoeli bod yma fardd addawol.

Parhaodd argyfwng yr iaith a'r diwylliant Cymreig i ennyn ymateb ganddo trwy gydol ei gyfnod yn y brifysgol, a daeth

MANON WYNN DAVIES

y diflastod a fu'n gwmwl dros fyfyrwyr Aberystwyth yn ystod refferendwm Mawrth y cyntaf 1979 i dywyllu cerddi Iwan hefyd. Cerddi prudd a galarus yw'r pryddestau a enillodd iddo ddwy gadair mewn eisteddfodau rhyng-golegol a chadair Eisteddfod yr Urdd yn 1980.[24]

Cerddi alegorïol yw'r ddwy bryddest arobryn yn yr eisteddfodau rhyng-golegol, y ddwy'n mynd ar drywydd chwedlau'r Mabinogi er mwyn cyfleu'r naws ddigalon oedd yn niwl dros Gymru wedi methiant y refferendwm. Cadeiriwyd Iwan yn Eisteddfod Ryng-golegol Bangor yn 1979 am ei bryddest 'Y Ffynnon', sy'n defnyddio rhamant Owain, neu chwedl Iarlles y Ffynnon, yn gefndir iddi.[25] Ynddi, mae'r bardd wedi ei lyncu gan anobaith y 'tir tywyll' ac yn hiraethu am oleuni'r wawr unwaith eto. Cynrychioli traddodiad, etifeddiaeth, a hunaniaeth Gymreig a wna'r ffynnon yn y gerdd, ac yn dilyn gweledigaeth dorcalonnus o ddyfodol y Cymry lle mai 'marwnad fydd eu hanthem', fe'n hanogir i yfed dŵr y ffynnon er mwyn ein bywiogi â chwistrelliad o Gymreictod.

Tebyg o ran ei neges a'i gwead yw 'Atgof', pryddest fuddugol Eisteddfod Ryng-golegol Abertawe yn 1980.[26] Pwyso ar ail gainc y Mabinogi a wnaeth yn y gerdd hon, a ninnau'r genedl orchfygedig wedi cilio i'r ystafell yng Ngwales er mwyn anwybyddu'r storm y tu draw i'r drws caeedig. Mae'r gerdd yn cloi gyda her wrth agor y drws tuag

Aber Henfelen ac wynebu'r sefyllfa dywyll, ddihyder oedd ohoni yng Nghymru. Cafodd awen wleidyddol Iwan ei gyrru gan y sefyllfa honno, a dyna'r sbardun y tu ôl i 'Ffenestri', ei gerdd fuddugol yn Eisteddfod Genedlaethol yr Urdd Bro Colwyn, hefyd.[27] Ac yntau wedi graddio yn ystod haf 1979, wedi ei drwytho mewn llenyddiaeth Gymraeg, ac wedi mynd ymlaen i ddilyn cwrs MA ym maes y Cywyddwyr, mae'r cyfeiriadau llenyddol yn y cerddi hyn yn niferus. Waldo oedd y bardd â'r dylanwad amlycaf ar gerddi Iwan erbyn ei gyfnod yn y coleg, ac mae hynny i'w weld yn arbennig yn 'Y Ffynnon' ac yn 'Ffenestri', lle ceir dyfyniad o gerdd Waldo 'Yr Heniaith' yn rhagflaenu'r bryddest.

Cafodd Iwan lwyddiannau eraill yn Eisteddfod Ryng-golegol 1980. Erbyn y flwyddyn honno roedd yn amlwg wedi dechrau cael gafael ar y gynghanedd, ac yn englynwr digon medrus i ddod yn fuddugol yng nghystadleuaeth yr englyn a'r englyn digrif. Cyhoeddodd ambell englyn yn nhaflen newyddion myfyrwyr UMCA, *Yr Utgorn*, yn ystod ei flwyddyn gyntaf fel myfyriwr ymchwil, ac yn 1980 hefyd yr ymddangosodd dwy gerdd hir yn ogystal â chân ganddo ar ddudalennau cylchgrawn llenyddol myfyrwyr Aberystwyth, *Y Ddraig*. Roedd un o'r cerddi'n pwyso eto ar refferendwm 1979 a'r llall yn olrhain camau Dafydd ap Gruffudd wedi marwolaeth Llywelyn, ei frawd.

Aeth Iwan yn ei flaen i gyhoeddi ambell gerdd mewn

cylchgronau cenedlaethol cyn hawlio'i le fel un o feirdd answyddogol y Lolfa yn 1983. Mae'r agwedd genedlaetholgar oedd ganddo yn ystod ei gyfnod yn yr ysgol yn dal i lifo drwy gerddi'r gyfrol gyntaf honno, *Sonedau Bore Sadwrn*, a dyrnod chwerw o ddicter tuag at ei genedl y tu ôl i nifer o'r cerddi sy'n trafod iaith, diwylliant ac agwedd ddi-hid y Cymry. Mae'n amlwg fod cleisiau refferendwm 1979 yn brifo o hyd. Parhau hefyd wnaeth dylanwad T. H. Parry-Williams arno o'r cyfnod cynharaf drwy gydol ei yrfa farddol, a dilynodd ôl troed Parry-Williams yn llythrennol wrth iddo yntau gyhoeddi cerddi taith i Dde America a chael ei hudo gan swyn enwau llefydd dros y môr. Yn wahanol i'w gyfnod yn y chweched dosbarth, diflannu wnaeth pob arlliw o argyhoeddiad Cristnogol yn ei farddoniaeth erbyn cyhoeddi *Sonedau Bore Sadwrn*, er bod cyfeiriadaeth feiblaidd yn gweu rhwng llinellau ambell gerdd.

Gwelwn yng ngherddi 1975 ac 1976 ymdrechion cynnar bardd a chanddo ddawn gynhenid i drin geiriau o'r cychwyn cyntaf. Difyr yw dal rhyw fymryn ar ei gymeriad yn ystod y cyfnod hwnnw, sylwi ar hadau'r themâu a blannwyd yn gynnar ganddo, ac olrhain y llinyn sy'n plethu rhwng y cerddi wedi cychwyn taith y Gaucho hwn o fardd.

# Nodiadau

1 'Y Gaucho', *Iwan, ar Daith*, gol. Myrddin ap Dafydd (Gwasg Carreg Gwalch, 2010), t.15

2 'O Dal-y-bont i Dal-y-bont', *Pac o Feirdd*, gol. Myrddin ap Dafydd (Gwasg Carreg Gwalch, 2002), t.11

3 'Barddoniaeth i bawb', *Barddas*, 244 (Rhagfyr/Ionawr/Chwefror 1997–98), t.61

4 Mari Beynon Owen, 'My friend has just won the Crown', *Iwan, ar Daith*, t.25

5 'Sŵn y Gaeaf', *The New Dominican*, 88 (1973), t.22

6 'Y Fenai', *The New Dominican*, 89 (1974), t.15

7 Mae fy niolch yn fawr i Mr Hywel Bebb am ei lythyr ataf sy'n sôn am gyfnod Iwan yn ddisgybl yn Ysgol Friars, Bangor; o'r llythyr hwnnw y daw'r atgof hwn.

8 'Caethiwed', *The Dominican*, 90 (1975), t.22

9 'Darnau ohonof ar wasgar', *Y Garthen* (Hydref 1990), t.1

10 'Symlrwydd', *The Dominican*, 90 (1975), t.22

11 'Rhybudd', *The New Dominican*, 91 (1976), t.15

12 'Y Lefiad', *Sonedau Bore Sadwrn*, t.7

13 'Ar lan afonydd Babylon', *Dan Anesthetig*, t.26

14 'Aberth', *Sonedau Bore Sadwrn*, t.19

15 'Ar lwybr y pererinion', *Dan fy Ngwynt*, t.53

16 'Pasg yn Nulyn', *Dan fy Ngwynt*, t.54

17 'Nadolig 1988', *Dan fy Ngwynt*, t.61

18 'Gorffennwyd', *Be 'di Blwyddyn Rhwng Ffrindia?*, tt.36–7

19 'Breuddwyd Roc a Rôl', *Barn*, 479/480 (Rhagfyr/Ionawr 2002–03), t.68

20 'Y Teledu', *The New Dominican*, 91 (1976), t.16

21 'Yr R.A.F. yn gorymdeithio fel rhydd-ddinasyddion', *The Dominican*, 90 (1975), t.22

22 'Dinas Deiniol', *Barn*, 510/511 (Gorffennaf/Awst 2005), t.43

23 'Wedi'r Ddrama', *The New Dominican*, 91 (1976), t.16

24 Trafodwyd y cerddi hyn yn fanylach gennyf yn 'Nid yw'r gân ond dechrau: cerddi Eisteddfodol Iwan Llwyd', *Tu Chwith*, 39 (Awst 2013), tt.93–104

25 'Y Ffynnon', *Yr Awen: Eisteddfod Ryng-golegol Bangor 1979* (Argraffdy Arfon, 1979), tt.3–4

26 'Atgof', *Yr Awen: Eisteddfod Ryng-golegol Abertawe 1980* (Abertawe, 1980), t.3

27 *Cyfansoddiadau Llenyddol Buddugol Eisteddfod Genedlaethol Urdd Gobaith Cymru Bro Colwyn 1980* (Gwasg yr Urdd, 1980), tt.23–5

Bardd y 'stwff iawn'

# IWAN LLWYD,
# PERERIN

*Gwyn Thomas*

Ar ystad Eithinog ym Mangor y magwyd Iwan Llwyd. Ar yr un ystad yr wyf finnau'n byw ers tro byd. Y mae Hogiau Mawr yn arwyr i hogiau bach, a phan oedd fy hogiau i'n fychain, Iwan Llwyd oedd y prif Hogyn Mawr, arwrol y bydden nhw'n sôn amdano – roedd o'n ddisgybl yn yr hen Ysgol Friars yr adeg honno. Yr hyn a'm trawodd i oedd mor amyneddgar a thringar oedd yr Hogyn Mawr hwn gyda hogiau bach a fynnai ei sylw. Un felly oedd o.

Un diwrnod, yn ddiarwybod i'w fab, fe smyglodd y Parch. Dafydd Lloyd Williams, tad Iwan, gopi o gerddi roedd y mab hwnnw wedi eu cyfansoddi, a dod â nhw i'w dangos i Derwyn Jones, Llyfrgellydd Cymraeg y Brifysgol ym Mangor, ac, yn ei sgil o, i minnau. Gwnaeth cyfansoddiadau'r llanc ifanc hwn argraff yn syth ar y ddau ohonom. Fel y dywedodd y llenor a'r beirniad John Gwilym Jones wrthyf ryw dro

GWYN THOMAS

wrth sôn am Tony Conran, 'Does dim rhaid iti ond darllen tair llinell i wybod fod y stwff iawn yno.' Yr oedd y 'stwff iawn' hyd yn oed yng ngherddi cynnar Iwan. 'Wn i ddim a sylweddolodd o beth yr oedd ei dad wedi'i wneud, ynteu a smyglwyd y cerddi'n ôl gan ei gadw o mewn anwybodaeth.

Ar ôl iddo dyfu'n ddyn a dechrau cyhoeddi ei gerddi fe fyddwn yn dweud wrtho fod yn dda gen i ei fod o'n canu ei gân newydd ei hun, ac nid yn ailgylchu hen bethau. Roeddwn i hefyd yn falch o'i agwedd at ein hen farddoniaeth, a'r ysbrydoliaeth a dynnai o'n hen draddodiad. Roedd hyn yn ei blesio. Roedd y newydd, llachar, a'r hen, fyfyrgar yn plethu'n rhyfeddol yn ei waith. Roeddwn i'n meddwl fod ei gyfrol *hanner cant* yn un drawiadol, a chodais y ffôn i ddweud hynny wrtho, a'i blesio eto, o wneud hynny. Yn nes ymlaen mi ddywedais wrtho fy mod i, nad oeddwn wedi darllen holl lyfrau Cymraeg 2007, wrth reswm – fel y rhan fwyaf o'r rheini sy'n dweud y dylai'r llyfr hwn neu'r llyfr arall fod wedi ennill – yn meddwl ei fod wedi cael cam dybryd am nad *hanner cant* oedd Llyfr y Flwyddyn. A chytunodd yntau, yn ddireidus-ddifrif, ei fod o wedi cael cam. Os oedd gwell llenyddiaeth na'i lyfr o (gyda lluniau Marian Delyth) wedi ei chyhoeddi'r flwyddyn honno y mae'n rhaid ein bod yng Nghymru, o bob rhyw wlad, y fwyaf dedwydd ei hystad.

Tra ydw i'n sôn am yr Iwan yr oeddwn i'n ei adnabod, cystal dweud fod ganddo fo a minnau Gynllun, wedi ei lunio ganddo fo. Y cynllun hwnnw oedd mynd ati i gyflwyno bras olwg ar y Traddodiad Barddol, mewn mannau priodol, gan sôn am sut y byddai hi ar yr hen feirdd, a chan gyflwyno enghreifftiau o'u cerddi, a cherddi diweddar hefyd. Fe drefnodd un o'r cyfarfodydd hyn yn yr 'Hendre', Tal-y-bont, heb fod ymhell o Abergwyngregyn, man lle roedd neuadd eang a chymwys at ddatgan cerddi yn null yr hen feirdd. Hyd y cofiaf, yr oedd o a minnau, a dau arall o'i gyfeillion yn cymryd rhan yn y cyflwyniad hwnnw, a gynhwysai eiriau, a chinio – yr oedd y cinio'n rhan briodol iawn o'r cyflwyniad gan fod yr hen feirdd yn sgut am fwydydd a phorthiant. Ond yr oedd mwy o'r cyfryw gyflwyniadau i ddod, dyna oedd y Cynllun. Pan soniwn i wrtho am gael y ddau gyfaill a oedd yn yr 'Hendre', neu hwn-a-hwn, neu hon-a-hon, i gymryd rhan efo ni, byddai'n dweud wrthyf gyda hanner gwên: 'Na, mi wnawn ni hyn ein hunain – mwy o dosh i ni felly!' Ond, ysywaeth, ni threfnodd y naill na'r llall ohonom ddim byd, ond o bryd i'w gilydd byddem yn cael hwyl arni'n sôn yn fwriadus – os yn ddi-dosh – am yr hyn a allai fod.

Ar ôl iddo weld llun o Alun Llywelyn-Williams fe ddywedodd R. Williams Parry wrtho, un tro, ei fod yn edrych fel bardd, yn ogystal â bod yn un. O'i holl gyfoeswyr fe allwn ddweud yn dra phendant mai Iwan, yn anad neb ohonynt, a edrychai'n fwyaf tebyg i fardd. Yn fwriadol felly, am 'wn i – yr oedd ei ymarweddiad yn ymarweddiad bardd, bardd

go-iawn, bardd a edrychai, o ran pryd a gwedd, rywbeth yn debyg i Lee van Cleef. Mi allwn ni fod yn fwy cysáct, fe edrychai fel trwbadŵr: dyna inni'r het fawr, a dyna inni'r gitâr dros ei ysgwydd. Y mae'r amlinell ohono ar flaen y gyfrol *hanner cant* yn ei gyfleu i'r dim. Y mae ei alw'n drwbadŵr yn gywir-gymwys am fod cerddoriaeth a geiriau wedi bod yn mynd gyda'i gilydd mor aml yn ei alwedigaeth; ac rydw i'n defnyddio'r gair 'galwedigaeth' yn fwriadol. A dyna ni ei grwydriadau wedyn, y chwilio am rywbeth, y myfyrio ar y chwilio, a'r mynegiant am arwyddocâd pethau y trawodd arnynt ar ei deithiau, gan wybod o'r gorau fod y teithiau yn rhan o Daith Fawr Ddiddychwel.

America. Y mae hon yn wlad i bron bawb ohonom ni sydd o fewn clyw i ganu pop neu o fewn golwg ffilmiau neu raglenni teledu. Dod i delerau ag America oedd her fawr y Gymraeg yn ail hanner yr ugeinfed ganrif, ac y mae'n dal i fod yn her iddi – mewn ffordd wahanol i'r her a ddaw o du Saesneg Lloegr a mewnfudwyr. Y demtasiwn barod, draddodiadol a naturiol i Gymry fyddai ceisio anwybyddu America a cheisio byw mewn iard gefn. 'Thalai hynny ddim am mai America, yn ddiwylliannol, oedd y wlad oedd yn adrodd chwedlau'r ugeinfed ganrif, yn canu caniadau'r ugeinfed ganrif, gan wneud hynny yn null yr ugeinfed ganrif. Y cwestiwn oedd: a oedd hi'n bosib i wlad o hen ddiwylliant a hen lenyddiaeth ddygymod â'r Byd Newydd. Ymateb arall fyddai gadael i'r hen bethau fynd heibio, a throi cefn ar y Gymraeg. Y dewis arall oedd gwneud i'r Gymraeg ymdopi â phrofiadau newydd, gan wneud i'r newydd ymdreiddio i hen iaith, ac addasu'r hen iaith fel ei bod hi'n lliwio'r newyddfyd yn ei ffordd ei hun, a dal i allu dweud gwirioneddau sylfaenol am y cyflwr dynol. (O wneud y dewis hwn, doedd dim sicrwydd, wrth gwrs, na fyddai'n well gan Gymry Cymraeg dderbyn America trwy gyfrwng Americaneg.) Plethu'r newydd a'r hen a wnaeth Iwan yn ei farddoniaeth ac yn ei ganu. At hyn, fe gafodd gyfle i fod yma ac acw ar draws y byd, ac am hynny y mae arlliw llythrennol ryngwladol-Gymraeg ar ei waith. Y mae'r cof amdano fo a Twm Morys yn darllen eu cerddi mewn gwahanol fannau tramor mewn rhaglenni teledu a gynhyrchwyd gan Michael Bayley Hughes yn eglur iawn yng nghof rhai ohonom. Dyna inni ddarlun man-a-lle o newyddfyd y Gymraeg.

Cyn mynd i ystyried ambell nodwedd o waith Iwan, diddorol i mi ydi'r hyn sydd ganddo i'w ddweud am ei ddull o gyfansoddi – y mae hyn i'w gael yn ei gerdd am gysur cyffyrddiad cyfrol o waith Keats i'w ferch ddwyflwydd oed, Rhiannon, wrth iddi fynd i gysgu. Y mae'r gerdd 'Barddoniaeth yn y nos' wedi ei chyflwyno i Riannon ac i Nia, ei wraig. Dyma'r geiriau perthnasol:

> a minnau
> yn fy stafell dywyll
> yn mwydro,
>
> yn profi llinellau'n
> lluchio cyfeiriadau,
> yn dal yn effro
>
> yn yr hanner golau
> yn craffu ar dudalennau,
> yn trio sgriblo,

yn troi a throsi
a methu cynganeddu
na chanolbwyntio;

yn chwilio delweddau,
eu dwyn gan feirdd eraill,
gan Carruth a chan Guto,

yna'n sleifio i ngwely
yn ddi-gerdd a diawen,
wedi hen flino ...

(Bardd Americanaidd oedd Hayden Carruth, 1921–2008.
Guto'r Glyn ydi'r 'Guto' y cyfeirir ato yma.)

Fe ystyriwn ni rai cerddi a rhai myfyrdodau sydd i'w cael
yn ei gyfrol *hanner cant*. Y peth cyntaf y mae rhywun yn
sylwi arno ydi mor rhyngwladol ydi defnydd y gyfrol, gyda
chanu i amryfal fannau, a chyda chyfeiriadau at wahanol
bobol, amryw ohonynt yn adnabyddus i amryw genhedloedd.
Ond y mae'n amlwg mai America, fel yr awgrymwyd uchod,
oedd y wlad estron a adawodd ei hôl drymaf arno, gydag
Iwerddon yn ail. Dyma gerdd gyntaf y llyfr:

Yn gawdel mewn glas

Yn y cordiau agored ar noson hwyr
mae James Dean ac Elvis,
Bob, Lenny Bruce a Ginsberg

i gyd unwaith eto
yn rasio heibio i groesffordd
America'r pumdegau ...

Dyma'r Byd Newydd, yn fersiwn yr ugeinfed ganrif, yma yn Gymraeg. Ond ble rydym ni'n cyrraedd erbyn diwedd y gerdd? Rydym ni'n cyrraedd at hen bethau sylfaenol, parhaol:

> yn y bôn y cyfan yw byw
> yw bod yn barod i dorri gair
> â'r gŵr diarth ar y groesffordd.

Yr oedd Iwan yn ddyn croesffyrdd bywyd.

Ym marddoniaeth Iwan y mae pethau'r presennol yn fynych yn cyffwrdd teimladau am chwithdod neu ryfeddod neu hiraeth, ac am bethau sy'n mynd heibio. Yn y gerdd 'Hen Gitâr' y mae dydd Gwener yng Nghricieth yn cychwyn myfyrdod chwithig am heneiddio, am ddarfod, ac yn rhoi bod i ddelweddau fel:

> dail llynedd, dwylo llonydd,
> hen gitâr yn wylo
> yn ddiymgeledd.

Yn 'Cantre'r Gwaelod (1)' y mae rhyw ddyn yn clywed fod geneth wedi boddi, ac yn ceisio gwneud arferol weithgareddau beunyddiol gan fynd, yn y diwedd, â'i gi am dro ac, unwaith eto, yn 'cyrraedd y groesffordd':

> ac yntau mor ddall â Willie McTell,
>
> a rhyw gân ddiffuant
> yn glynu'n benderfynol
> yng nghyrion ei gof:

*'Baby please don't go*
*down to New Orleans,*
*'cos your dog won't go ...'*

(Cyfeirir yma at 'Blind Willie McTell', 1898–1959, gitarydd a chanwr y bliws.)

Y mae geiriau'r gân yn cymryd ystyr newydd ym mhrofiad yr un sy'n teimlo colled.

Yn y gerdd 'Cariadon mewn oriel', sef Oriel y Prado ym Madrid, fe ddeallwn fod y ddau gariad a welodd y bardd yno:

... wedi eu rhewi
yng nghrafangau'r fflamenco.

A beth sydd yn digwydd wedyn? Mae'r alaw yn distewi, a rhoddir ar ddeall inni:

fod angau'n chwarae'r gitâr,
ac wrthi'n tiwnio'r tannau,
a hwythau ar anterth eu hangerdd
yn rhwyd ei gyweirnodau.

Y mae angerdd y cariad yn anwadadwy, ond peth dros dro ydyw.

Y tu hwnt i hynt y presennol y mae hen, hen ddefodau, y defodau hynny sydd yn fwy na bywydau unigolion, ac yn ddefodau sydd yn barhaol. Yn y gerdd 'Gwenoliaid', fe gawn ddisgrifiad byw o weithgarwch yr adar hyn, ac yn y diwedd y geiriau:

GWYN THOMAS

yn benderfynol eu hannel, [am bryfetach]
diwyro'u dychweliad,
digyfamod eu taith.

Y mae prosesau hen natur yn 'ddigyfamod' o rymus.

Ar ôl cyfleu'n rhyfeddol o argyhoeddiadol symudiadau morfil yn Provincetown, Cape Cod:

dacw fo'n codi
yn rhaeadrau o heli

ac arogldarth ei anadl
yn niwlen denau amdanom.

dyma sy'n digwydd wedyn:

... dangos ei ystlys cyn ffarwelio,

a'n gadael
i syllu'n sigledig
ar drobwll ei ymgnawdoliad.

Mab gweinidog oedd Iwan, ac nid ar hap y mae geiriau fel 'ystlys' ac 'ymgnawdoliad', sy'n adleisiau o hanes Iesu Grist, yn digwydd yma. Yn ymrithio trwy'r geiriau am forfil mae yna fodolaeth amgenach yn cael ei hawgrymu, a rhyfeddod arall a adawodd ei ôl ar ddynion.

Yr un modd, yn y gerdd am 'Y Ship' yn Nhre-saith, gyda dylanwadau Seisnigrwydd o gwmpas, y mae rhyw fath o 'gymundeb' hen, Cymraeg yn dal i fodoli yno, hyd yn oed ar ôl marwolaeth rhai pethau, a awgrymir trwy eiriau allweddol

am gau'r dafarn, 'o gau y drws, troi'r clo a gostwng llen'.
Daw'r bardd yn ei ôl, meddai,

> ... eto i Dresaith
> a rhannu bara ceirch a gwin yr iaith.

Ar freuder y daith, nid yn unig y mae parhad hen ddefodau,
ond y mae grymoedd hen bywyd yn parhau er gwaethaf
pawb a phopeth. Fel y dywedir yn y gerdd 'Tywod', er bod
rhai pethau:

> yn diflannu i'r niwl
>
> wrth droi am adre trwy fwd y lôn bost,
> ond ben arall llinyn bogail y teulu
> mae 'na gelloedd newydd yn canfod croth.

Y mae genedigaeth i ddod.

Efallai mai yn y gerdd 'Muriau', cerdd wedi ei chyflwyno,
yn arwyddocaol, i'w ferch, Rhiannon, y mae sôn Iwan am
yr hyn sy'n mynd i ddal i fod, er gwaethaf diffyg parhad
cymaint o bethau ar y daith ddarfodedig, wedi'i fynegi ar ei
dyneraf ac ar ei fwyaf grymus. Fe ddyfynnir y gerdd gyfan;
y mae ynddi, yn amlwg, gyfeiriadau at fannau a oedd yn
annwyl i Iwan a'i deulu:

> Mae muriau'r Llain dan glo mewn cawell eiddew,
> a chroga'r brain ar linellau'r teliffôn;
> mae rhwydi'r drain yn cau am lwyni'r mwyar,
> a thywyll yw y llenni main o'r lôn:

ac yn Nhwrgwyn mae'r fynwent dan fieri,
a rhaid lladd chwyn cyn darllen y coffâd,
llythrennau gwyn sy'n gwelwi ar y marmor
a'r clymau tyn yn llacio 'nhrai cefn gwlad:
ond er bod llwybrau'r broydd hyn dan ddrysni,
ac er mai angof yw'r emynau mwy,
weithiau daw cyrddau newydd i greu chwerthin
a geiriau newydd uwch eu gwydrau hwy:
am bob un siop hen greiriau a chynhebrwng
mae cŵn cyfaredd fory'n cael eu gollwng.

Ceir yma amryw o ddelweddau hen gyfarwydd, a rhai arferol gan Iwan i gyfleu darfod: 'dan glo', 'rhwydi … yn cau', 'llenni tywyll'. Ceir yma hefyd amryw ddelweddau atgofus o fywyd wedi darfod, megis lle dan fieri ('Mieri lle bu mawredd'), chwyn, trai, drysni. Y mae 'angof' yma, y mae 'cynhebrwng' yma. Ond yma, yn anifeilaidd o gryf, y mae 'cŵn cyfaredd fory' yn cael eu gollwng yn rhydd.

Yn y gyfrol *hanner cant* y mae yna, wrth reswm, bethau nad ydw i ddim wedi cyffwrdd â nhw yn y truth hwn. Yr hyn yr ydw i wedi ceisio'i gyfleu ydi gallu'r bardd hwn i rannu â ni y mwynhad a'r rhyfeddodau a brofodd ar ei daith ddaearol, a'r ymwybod hefyd o chwithdod y daith y teimlai'r bardd yn ddwfn nad oedd parhad iddi. Y mae chwithdod y bardd yn dwysáu ei brofiad o fyw, ac y mae'n dweud y gwir cythryblus wrthym am ein bywydau ninnau.

Pan elwais yn nhŷ mam Iwan i gydymdeimlo â hi, yr oedd Llion, ei frawd, yno. Gofynnodd imi a fyddwn i'n cyfansoddi iddo ychydig eiriau am Iwan iddo'u dweud am ei frawd. Yr ychydig eiriau cryno hyn a ddaeth imi, ar ôl myfyrdod go faith, a dyma'r geiriau a gyflwynais i Llion, gan obeithio fy mod wedi dweud rhywbeth teilwng o fardd y 'stwff iawn':

> Goleuni gwirioneddau
> A belydrai,
> Trwy ei eiriau,
> Arnom ni.

## Nodiadau

Ymddangosodd y cerddi a drafodir yn yr ysgrif hon yn y gyfrol *hanner cant* (Gwasg Taf, 2007)

'Her newydd ...'

# HER NEWYDD
# YR HEN SIWRNEIAU

*Guto Dafydd*

Mae'n dal yn od dod i'r ŵyl hon heb Iwan Llwyd.[1]

Pan fyddwn yn dod yma'n llanc, roedd ei gwmni'n fwynhad pur. I hogyn ifanc, byw breuddwyd cyw bardd oedd treulio amser gydag Iwan – ei ysbryd llawen hael, ei wybodaeth, ei angerdd. Pan oedd Iwan yn fyw, fe'i hystyriwn yn ffrind – yn gwmni diddan, yn roc-a-rôl, yn ysbrydolwr ac yn anogwr.

Ond yn y cyfnod ar ôl ei farwolaeth, treuliais fisoedd yn ymdrwytho yng ngwaith Iwan. Newidiodd hynny rywfaint ar fy agwedd ato.

O ddarllen ei gerddi mewn gwaed oer, fe'm hargyhoeddwyd mai Iwan Llwyd yw prif athrylith barddol ei genhedlaeth. (Sorri, Myrddin. Sorri, Twm. Sorri, Ifor …) Yn sail i'r brafado bardd, roedd gan Iwan ddealltwriaeth o'i draddodiad, roedd ganddo weledigaeth ynghylch perthnasedd y traddodiad hwnnw heddiw ac i'r dyfodol, ac roedd ganddo grefft gwbl arbennig.

Arferai Iwan floeddio ambell air arwyddocaol o dro i dro – pethau fel 'Smokin'', 'Mae arch yn Ystrad Marchell', ac 'A certain kind of innocence is measured out in miles'. Nid dyna union eiriau John Lennon yng nghân y Beatles, 'Hey Bulldog'.[2] Ond dyna'r fersiwn o'r llinell yr oedd Iwan yn ei bloeddio.

Ac roedd yn gweld teithio'n rhan greiddiol o fod yn fardd. Mae'r gerdd 'Bardd' yn agor drwy ddweud 'Fuodd o 'rioed yn un i aros yn yr un lle'n hir iawn'.[3] Yn y gerdd esbonia anniddigrwydd y bardd, gan honni bod ar fardd awydd symud yn barhaus am ei fod yn ofni'r cyffredin a'r saff. Mae'n defnyddio delwedd stori Llasar Llaes Gyfnewid o ail gainc y Mabinogi. Bu'n rhaid i hwnnw ddianc o neuadd haearn a oedd ar dân, ac mae ar y bardd yn y gerdd 'Ofn gweld y tŷ haearn yn cau amdano'. Mae sôn am y bardd yn 'rhoi ei ysgwydd yn erbyn y mur' yn atgyfnerthu'r gyfeiriadaeth, ond mae'n sôn hefyd am 'y parti yn ei anterth drws nesa'': blas ar wewyr y bardd modern yn gymysg â'r stori Fabinogaidd.

Ond mae'r gerdd yn pwysleisio nad dianc yn 'ddigyfeiriad' y bydd y bardd: mae ganddo lwybrau i'w cerdded. Yn y gerdd hon, fel mewn sawl un arall, mae Iwan yn ymuniaethu â chrwydradau beirdd o'r gorffennol. Mae'n enwi dau – Hywel ab Owain Gwynedd ac Owain Cyfeiliog. Beirdd-dywysogion oedd y rheiny, rhywbeth sy'n amlygu'r amwysedd yng ngwaith Iwan o ran safle cymdeithasol y bardd modern. Yn y gerdd hon, mae 'clera' yn rheswm dros gael aros noson ar y ffo fawr.

Drwy waith Iwan, mae'r lôn yn hollbresennol: y daith ei hun, yn aml iawn, yn bwysicach na'i therfyn – er ei fod yn canu i lawer o leoliadau rhyfeddol o gwmpas y byd. Dywedodd un tro mai 'un o hanfodion barddoniaeth yw medru cysylltu profiad neu deimlad â lle neu adeg penodol'.[4]

Mae ystyried delwedd y daith, a theithiau diriaethol, yn ei waith yn lle da i ddechrau deall awen Iwan. Fel mab i weinidog, rwy'n siŵr y byddai'n gwerthfawrogi fy ymdrech i stumio fy llith yn dri phen: teithio'r Amerig, teithio Cymru … a theithio amser.

Ond, yn gyntaf, rhaid imi fynd â chi'n ôl i ddechrau'r wythdegau – troi'n ôl i George Street, Aberystwyth, a 'hofel tri llawr' o'r enw Gelli Aur. Tŷ stiwdants oedd hwnnw, lle roedd pob math o hogiau – hogiau a ddôi wedyn yn bileri'r gymdeithas sifig a diwylliannol yng Nghymru – yn ei slymio hi: 'Emyr Lewis, Siôn Aled, Gwyn Williams' a sawl un arall.[5] Lle 'afiach a di-wres oedd o', yn ôl un o'r preswylwyr, a'r landlord yn hidio fawr am reolau tân ac iechyd a diogelwch. Ond roedd hi'n nyth lle roedd sawl aderyn ifanc o Gymro'n magu adenydd. Dwn i ddim ydach chi'n cofio'r crysau T oedd yn datgan 'Nid tŷ yw'r Gelli Aur ond ffordd o fyw'. Dydw i ddim. Rwy'n rhy ifanc.

Dau o'r preswylwyr oedd Wiliam Owen Roberts – Wil Garn, a ddaeth wedyn yn awdur arloesol a phraff *Y Pla, Paradwys, Petrograd* a sawl nofel arall bwysig yn dechrau â'r llythyren P

– ac Iwan Llwyd. Felly, yn hofel y Gelli Aur, dyma brif nofelydd ei genhedlaeth a phrif fardd ei genhedlaeth dan yr unto, yn dadlau, yn miniogi meddyliau'i gilydd, yn rhannu angst.

Roedd y ddau'n rhwystredig â'u cwrs gradd Cymraeg – yn ei weld yn 'fonolithig', yn dilyn confensiwn traddodiadol: yng ngeiriau Wil Garn, 'pawb yn weddol gytûn mai un ffordd oedd yna o ddirnad y cwbwl o hanes llenyddiaeth Cymru'; 'dehongliad Saundersaidd' oedd hwn. Roedd hyn, wrth gwrs, yn y cyfnod ar ôl 'alanastra' refferendwm 1979, yn dilyn buddugoliaeth Thatcher – roedd hi'n argyfwng deallusol ar Gymru: cyfnod tywyll eithriadol i genedlaetholwyr, a chenedlaetholwyr adain chwith yn enwedig.

Dan anogaeth John Rowlands, athro prifysgol arnynt, aeth y ddau ati i gofnodi eu teimladau mewn dwy erthygl ffrwydrol: 'Myth y traddodiad dethol' a 'Mae'n bwrw yn Toremolinos', a ymddangosodd yn *Llais Llyfrau* yn Hydref 1982 ac yn y *Faner* yn Rhagfyr 1984. Erthyglau stroclyd, ysgubol, eiconoclastig ydyn nhw: erthyglau dau sy'n benderfynol o 'strancio'n erbyn y tresi'. Maen nhw'n galw Saunders Lewis yn '*vampire* beirniadol'. Maen nhw'n dweud bod glynu'n 'anaemig' at 'y 'traddodiad' digwestiwn' fel torheulo yn Nhoremolinos a hithau wedi dechrau bwrw glaw ers blynyddoedd. (Er mwyn yr ieuenctid yn ein mysg, dylwn nodi bod Toremolinos ddechrau'r wythdegau'n gyfystyr ag Ibiza neu Lanzarote heddiw.)

Gofynnant gwestiynau sylfaenol am rôl llenorion, gan ddadlau bod llenyddiaeth Gymraeg – oherwydd ei hobsesiwn â'r traddodiad – wedi methu 'ymgodymu â realiti' enbyd yr ugeinfed ganrif: rhyfel, dirwasgiad, refferendwm. Ymatebodd y ddau i hynny drwy ddadlau dros ddryllio delwau'r traddodiad. Byddaf yn dychwelyd at yr erthyglau yng nghwrs y ddarlith – mae sawl pwynt ynddynt sy'n esbonio darnau o waith diweddarach Iwan.

Ond mae'n hwyr glas i ni gychwyn teithio. Ac yn gyntaf, teithio i'r Amerig.

Pam America yn hytrach nag Ewrop neu ryw gyfandir arall? Wedi'r cwbl, roedd Iwan yn sôn yn frwd am yr agoriad llygad a gawn gan Guto'r Glyn ynghylch ei fywyd yn Ffrainc – un o'r beirdd teithiol rhyngwladol cyntaf.[6] Mae Iwan a Wil yn mynd i'r afael ag Ewropeaeth yn 'Mae'n bwrw yn Toremolinos' – ac yn benodol â honiad beirniaid fel Saunders Lewis mai o fewn y traddodiad Ewropeaidd mae priod le llenyddiaeth Gymraeg. Nodir bod Ewrop yn gyfrifol am nifer o erchyllterau dyngarol – caethwasiaeth, rheibio cyfoeth gwledydd eraill ac ati – a gofynnir pam mae'n briodol i ni ymgysylltu ag Ewropeaeth a'i gwerthoedd: 'Onid yw'n bryd i'r Cymry fwrw'u golwg y tu hwnt i "draddodiad miloedd blynyddoedd" Ewrop am gymheiriaid llenyddol?'[7]

Pan fyddai beirniad fel Saunders Lewis wedi ceisio

uniaethu â thraddodiad Ewrop, aiff Iwan ar ôl cysylltiadau, paralelau a phrofiadau cyffredin ar gyfandiroedd eraill. Un enghraifft o'i frwdfrydedd wrth wneud hynny yw'r dwsinau o gardiau post a anfonodd at ei gyfeillion o bedwar ban y byd: y cwbl ac englyn neu gerdd arno sy'n dal ysbryd y lle. Mae yna un cerdyn post sy'n brawf ffotograffig digamsyniol i Iwan gael lifft gydag Elvis Presley o Chicago i Boston.[8]

Bu yn ne America gyda Twm Morys yn ffilmio rhaglen deledu yn 1998, a chafodd cynnyrch y daith ei gyhoeddi yn y gyfrol *Eldorado*. Fedra i ddim anghytuno â'r gosodiad mai dyma'r 'daith fwya' rhyfeddol fu dros bennau dau fardd o Gymro erioed'.[9] Y syniad yn fras oedd mynd drwy chwe gwlad mewn chwe wythnos, gan chwilio am yr Eldorado chwedlonol. Ar y daith, gwelodd y beirdd bob math o ryfeddodau: Crist Rio, temlau, merched 'yn brifo o hardd', a chael eu chwipio â dail gan ddyn hysbys yn Ecwadôr.

Heblaw am yr ysfa i brofi rhyfeddodau, roedd dau beth arall yn gyrru Iwan ar y daith hon i dde'r Amerig.

Y cyntaf yw fod teithio i'r lle diarth, egsotig hwn yn golygu bod yn barod i fentro: peidio ag ofni'r anwybod na chlosio at y diogel. Mae'r gerdd 'Y daith' yn feirniadaeth ar y rhai a ddewisodd beidio â theithio: 'doedd rhai o'r lleill ddim am fentro', meddai.[10] Mae'n gwatwar rhesymau'r beirdd hynny – 'arwyddion diarth' ac nad oedd 'y mapiau ddim digon da'. Mae'n gosod y teimladau diantur hynny yn llinach y closio Cymreig at gysur – yr 'ystrydebau treuliedig / mor gartrefol â bara brith'.

Mentro i'r anghynefin a'r ansicr yw hanfod teithio i Iwan: mynd i'r 'lle tywyll a'r goleuadau'n pylu'. Mae brolio a gorchest yn llenwi'r honiadau mai 'trwy groen ein dannedd' y daethant 'oddi yno'n gyfan'. Yn ne'r Amerig, cyfandir cyfriniol yr anturiaethwyr, ac yng ngogledd America, cyfandir y cowbois a roc-a-rôl, mae'r bardd o Gymro'n dechrau magu persona heriol, carismatig, llawn brafado – ac mae cerddi diweddarach fel 'Y Dieithryn' neu 'Y Gaucho' yn llawn o swyn budur y cymeriad hwn fu ar daith hir, drwy beryglon, yn hudo pawb ar ei ffordd a dod drwyddi'n ddarn o chwedl.[11]

Yr ail ysgogiad i Iwan oedd fod un bardd o Gymro wedi bod yno o'r blaen. Gwaith T. H. Parry-Williams a ddenodd Iwan at farddoniaeth i ddechrau, ac roedd yn ymwybodol iawn ei fod yn dilyn taith ei arwr.[12] 'Ni ddysgodd y truan eto mai hud enwau a phellter yw gweld y byd,' meddai T.H., ac mae cerdd Iwan 'Y truan' yn adleisio hynny.[13] Yn y gerdd honno, dywed fod yr enwau'n 'sibrwd eu haddewidion o hyd' ac yn arwain Parry-Williams 'yn hurtyn / o le i le'; dyna sy'n cyfeirio'r daith, 'fel sêr môr y de'. Geilw'r bardd ei hunan yn 'llanc ifanc o Arfon / unwaith eto ar goll.' – ymuniaethu â T.H.

Dyna a wnaiff yn 'Far Rockaway' hefyd – cerdd o ogledd America sy'n sôn am yr hud a grëir gan enw yn yr un modd yn union â 'Santa Fe' T.H.[14] Dywed fod 'enw'r lle' yn 'gitâr

GUTO DAFYDD

yn fy mhen'. Gyda llaw, nid T.H. oedd yr unig dynfa. Roedd yn awyddus i fynd i Santa Fe er mwyn gallu mesur a ydi'r hyn mae Neil Young yn eu ddweud yn ei gân 'Albuquerque' yn wir – sef bod Santa Fe ac Albuquerque lai na 90 milltir oddi wrth ei gilydd.[15] T.H. a Neil Young: dau ddylanwad gwahanol, ond hollol nodweddiadol o Iwan.

Cerdd arall sy'n rhyngweithio â gwaith T.H. yw 'Y Weddi'. Mae'n defnyddio pennill cyfarwydd Parry-Williams – 'Clywais hi'n gynnes o'm hamgylch, / Mwynheais ei chyffwrdd swil' ac ati – fel math o gytgan, gyda cherdd Iwan yn adeiladu ar y sail honno. Dyfalu sydd yma, rhestru cynodiadau ynghylch de America gan ehangu profiad Parry-Williams nes bod hwnnw'n brofiad iddo'i hun, bron: 'Gwesty diarth, llygaid hardd, / llais y pellter yng nghalon bardd.' [16] Mae fel petai'n meddiannu 'cyffwrdd swil' y weddi wreiddiol.

Drwy gydol *Eldorado* mae'r ddau fardd yn awyddus i roi eu stamp eu hunain ar eu taith – ei meddiannu hi. Defnyddiant iaith a barddoniaeth i wneud hynny. O ganfod mai ystyr 'caru' yn yr iaith Cetshwa ydi 'pellter', cânt hyd i ystyr ychwanegol na fyddai'r brodorion yn ei deall – ond sy'n taro tant iddyn nhw.[17] Drwy gynganeddu enwau, maen nhw'n meddiannu llefydd yn brofiad iddyn nhw eu hunain: dyna i chi linellau fel 'No patch on Machupichu'[18] a 'hel ei draed am Eldorado'.[19] Mae hyn yn rhywbeth y mae Iwan yn ei wneud yn aml: galw Barcelona'n 'giât lôn i Gatalunya', er enghraifft.[20]

Bu yng ngogledd America hefyd, unwaith eto'n ffilmio rhaglen daith gyda Michael Bayley Hughes. Yng ngogledd America, fel yn y de, gwelwn awydd i rannu profiad ac uniaethu â phobl cyfandir arall.

Yn y gerdd 'Dan ddylanwad' mae ganddo ddau bennill sy'n dynwared enwau a synau hollbresennol America, gan adleisio mydr a phatrwm odlau 'Subterranean homesick blues' Bob Dylan:

> Flat-top backdrop, gwylia rhag y speed-cop,
> Slo-mo, coffee to go, all-nite Miller Lite.[21]

Ond mae cerddi gogledd America'n dangos nodwedd bwysig arall ar waith Iwan, sef ei gydymdeimlad ag unigolion a grŵpiau sydd dan orthrwm, neu'n dioddef anghyfiawnder. Mewn ambell gerdd ar ddechrau ei yrfa, mae'n cymharu sefyllfa cenedl Israel â chenedl y Cymry – yr Iddewon yn cael eu halltudio o'u gwlad, ac yn 'wylo ger afonydd Babylon' ac ati.[22]

Ond yn y fan hyn, ceisia ymgysylltu â diwylliant brodorol America. Yn 'Hiawatha', mae'n uniaethu canwr o dras Indiaidd â Dafydd Iwan. Defnyddia hen jôc i wneud hyn – mae'r canwr o Indiad yn 'taro tri chord'.[23] Priodolir gwerthoedd Dafydd Iwan, gwerthoedd Cymru, i Hiawatha: 'ein hannibyniaeth', 'tristwch a rhwystredigaeth'. Mae'n pwysleisio olyniaeth y canwr oherwydd y medr

GUTO DAFYDD

olrhain ei linach i Sitting Bull,
fel pawb ohonom ninnau i Lywelyn.

Yn 'Harley Davidson', mae Iwan yn ceisio cysylltu dosbarthiadau gorthrymedig ar draws cyfandiroedd a chanrifoedd. Cyferbynia lafur caled y gweithwyr yn ffatri Harley Davidson, sy'n 'chwysu' uwchben peiriannau, â'r 'freuddwyd' y maent yn ei chynhyrchu. Rhestra'r tasgau mecanyddol sy'n angenrheidiol er mwyn creu'r moto-beics:

... gosod teiar a ffendar a phŵer at ei gilydd,
... tanio peiriannau'r freuddwyd.[24]

Drwy ddiriaethu'r peiriant, mae'n chwalu'r delfryd cyfarwydd ynghylch Harley Davidson: dynion hirwallt peryg yn gwibio'n rhydd mewn lledr ar hyd y *freeways* tua'r machlud a'r injan fawr rhwng eu coesau, a'r teip hwnnw o beth.

Aiff y gerdd rhagddi i gymharu profiad gweithwyr ffatri Harley Davidson â'r Cymry a fu'n codi cestyll dros y Saeson:

saith canrif yn ôl
bu cofis dre
yn crymu dan bwysau meini'r Sais,
yn ail-drefnu sbwriel llys Llywelyn.

Defnyddia'r tebygrwydd semantig rhwng '[P]ont y Porth Aur' – y Golden Gate Bridge yn San Francisco – a stryd Porth yr Aur yng Nghaernarfon i ddwysáu'r cysylltiad. Ergyd y gerdd yw fod aelodau'r dosbarth gweithiol bob amser yn cael eu defnyddio gan ddosbarth mwy grymus, ac mai grym ymerodrol yw grym ymerodrol – boed yn gyfalafiaeth America neu'n rheolwyr o Saeson.

Yn y gerdd 'Califfornia', mae'n cymharu hanes y dalaith honno â Chaerdydd a'r Cymoedd:

> Dyma oedd ein Califfornia ni,
> y tiroedd yr oeddem ar ruthr i'w torri,
> i gracio'r gragen a chanfod perl

a phobl o weddill y wlad yn rhuthro yno i geisio golud diwydiant newydd.[25]

Sonia'n aml yn ei gerddi am y modd y mae unigolion yn goroesi dan gyfalafiaeth. Dyna ichi 'Tai unnos'. Mae honno'n darlunio ymdrechion y gwan i gael y gorau ar gyfalafiaeth mewn dau gyfnod gwahanol.[26] I ddechrau, mae'n darlunio'r hen draddodiad oedd yn rhoi hawl i'r werin gymryd darn o dir, codi tŷ arno dros nos, a hawlio'r tir pe bai mwg yn codi o'r corn cyn y bore. Mae'r 'landlord' – sy'n gorfod ildio'r tir – yn fygythiad: gallai 'dynnu'r cyfan i lawr' pe na baent yn llwyddo. Cerdd ydyw am y croestynnu a'r cydweithio rhwng dosbarthiadau. Disgrifia gonfensiwn cymdeithasol sy'n gwarchod hawl y werin i gael cartref, a mynnu consesiwn gan berchennog y tir.

Nid yw ail hanner y gerdd mor llwyddiannus, wrth i Iwan geisio cymhwyso'r uchod i'n hoes ni. 'Yng nghesail concrid' mewn dinasoedd – yng nghysgod adeiladau cyfalafiaeth

GUTO DAFYDD

– mae'r digartref yn 'hawlio darn o dir â bocsys cardbord blêr'. Onid yw'r bardd braidd yn rhy eiddgar i gymharu a chydblethu profiadau gwahanol yma, ac yntau'n uniaethu'r hawl i godi cartref pwrpasol â gweithredoedd eithafol rhai sy'n byw mewn sefyllfa argyfyngus, ddigartref? Rhamantu yw hyn. Wrth fynnu cysgod bocs, a yw'r digartref wir yn rhan o ryw broses gymdeithasol sy'n herio grym cyfalafiaeth?

Felly dyna deithio America. Mae'n ymwybodol o'r bardd Cymraeg a fu yno o'i flaen, ac yn cofnodi ei brofiadau ei hun mewn ffordd sy'n meddiannu'r profiadau a'r lleoedd hyn. Mae'n amsugno synau roc-a-rôl gogledd America a hudoliaeth y de. Mae'n dod o hyd i gymheiriaid, ac yn uniaethu tynged eu gwareiddiad nhw ag un Cymru, ac yn finiog ei sylwebaeth ar gyfalafiaeth.

Dyma symud at deithio Cymru.

Yng nghefn y gyfrol *Rhyw Deid yn Dod Miwn*, rhoddwyd map i nodi'r llefydd y canodd gerddi Iwan ynddyn nhw neu iddyn nhw: cofnod gweledol o'r ffaith fod cylchu Cymru a gwreiddio cerddi mewn lleoliadau yn bwysig iddo.[27] Pam hynny?

Mae teithiau beirdd y gorffennol, beirdd y traddodiad, yn ysbrydoliaeth i Iwan. Ar ôl graddio, bu'n ymchwilio i noddwyr y beirdd yn sir Gaernarfon dan oruchwyliaeth D. J. Bowen. Yn sgil hynny, cyhoeddodd ddarlith ar deulu Glynllifon fel noddwyr beirdd. 'Llwybro â llafur at Lynllifon' ydi ei theitl hi, ac mae hynny'n gliw fod Iwan yn rhoi cymaint o bwys ynddi ar y weithred o deithio i'r plas i ganu ag ar y canu ei hun.

Mae'n agor y ddarlith drwy ryfeddu at ddycnwch Huw Machno, a gerddodd i Lynllifon dros foelydd Eryri un Nadolig. Canodd hwnnw gywydd am ei daith, gan enwi'r camau ar y siwrne: 'o Benmachno', 'i Fraichdinas', 'siwrnïo'n wych / dua Bwlch,' drwy '[G]wm Dwyfor' wedyn, 'i'r Cwm-du', a 'thrwy Nanlle'. [28] Mae'r cywydd drwyddo yn cynganeddu'r enwau hyn ac yn pwysleisio mor anodd oedd cyrraedd: roedd ymrwymiad y bardd, ynddo'i hun, yn fath ar fawl i'r uchelwr.

Mae Myrddin ap Dafydd, yn ddifyr iawn, yn cymharu'r rhwystrau roedd yr hen feirdd yn eu hwynebu – eira, afonydd, tywydd – â'r hyn oedd yn arafu teithiau Iwan o gwmpas Cymru: rowndabowts a Mansel Davies.[29] 'Mae 'na rywbeth personol rhwng Mansel a fi,' meddai Iwan un tro, mewn cerdd nas cyhoeddwyd.

Roedd Iwan yn ymwybodol iawn o'r wedd wleidyddol ar deithiau Beirdd yr Uchelwyr. Roedd llwybrau'r beirdd yn wahanol i deithiau swyddogion y Goron.[30] Tra oedd y beirdd, yn ogystal â'r porthmyn a'r offeiriaid, yn gyfarwydd â llwybrau'r mewndir, roedd hi'n well gan y swyddogion estron gadw at yr arfordir – a hwylio ar y môr, hyd yn oed – er mwyn osgoi gormod o gyswllt â'r werin:

glynai'n dynn yn y glannau,
Rhuddlan, Conwy a Biwmares;
cadw'n ddigon pell oddi wrth y clogwyni tywyll,
tir yr herwyr a'u gwragedd gorffwyll.

Gan fod y beirdd yn nabod y llwybrau drwy ganol y wlad, roedd ganddyn nhw gyswllt gwell â hi:

Roedd golau ym mhen draw pob cwm
i'r bardd, a'r llwybrau'n batrwm.

Roedd hyn yn golygu wedyn fod ganddyn nhw weledigaeth wahanol o'r tir. Roedd y swyddogion estron yn gweld 'gwlad o furiau a chaerau'. Ond roedd y brodorion yn gweld 'gwladoedd / o gaeau'n enwau cyfarwydd'. I Iwan, yr adnabyddiaeth hon o'r wlad oedd i gyfrif am lwyddiant gwrthryfel Owain Glyndŵr. Roedd Glyndŵr yn teithio'n droednoeth ac yn cael ei ddirmygu am hynny. 'Ffŵl naturiol ei ffiniau' oedd o i'r Sais. Ond roedd 'y wlad i gyd dan ei wadnau'.[31] Dyma'r weithred o gerdded y tir, ac adnabod y wlad, yn arwain at lwyddiant gwleidyddol.

Roedd Iwan, yntau, yn awyddus i adnabod Cymru cystal ag y gallai. Ac adnabod ei phobl hefyd. Nid nabod y wlad yn unig, na nabod y bobl fel cenedl yn unig, ond nabod y bobl eu hunain. Meddai Llion Jones am Iwan: 'Dyn pobol ydy hwn ac nid dyn rhai pobol.'[32] Mae'n aml yn darlunio brwydr yr iaith a'r genedl drwy lygaid pobl gyffredin, fel yn 'Genod y til', lle mae genod cyffredin yn rhoi persbectif 'down-to-earth' ar sibolethau'r mudiad iaith.[33] Mae gen i syniad mai 'keeping it real' fyddai Iwan yn galw hynny. Yn ei gerddi ynghylch 1997, blwyddyn y refferendwm, y neges gyson ydi fod bywydau pobl gyffredin yn mynd rhagddyn.

Felly roedd teithio Cymru'n rhoi dealltwriaeth o'i realiti i Iwan. Yn eu herthyglau, mae Iwan a Wil yn teimlo bod barddoniaeth wedi gwneud cam â Chymru oherwydd bod ymlynu at foddau mynegiant, mesurau, 'chwedloniaeth', 'mythau' a 'nostalgia' y traddodiad yn rhwystro beirdd rhag canu i broblemau'r byd go iawn. Mynd yn sownd mewn 'fframwaith anachronistaidd' ydi'r peryg, meddai'r awduron. O goleddu mesurau a themâu'r traddodiad, peth digon rhwydd ydi derbyn yr holl elfennau 'heb unwaith amau dilysrwydd y cyfan' – derbyn syniadau amherthnasol gyda moddau mynegiant amherthnasol.[34]

Maen nhw'n dweud bod 'tiriogaethau eang o'r profiad Cymreig heb eu mapio': 'cyflafan y Rhyfel Mawr', 'y dirwasgiad a'r streic gyffredinol' yn ogystal â '[m]ethiannau 1979'.[35] Maen nhw'n honni bod 'ffurf a gwisg ddigon cywrain' barddoniaeth – safonau sy'n perthyn i'r traddodiad – wedi rhwystro beirdd rhag 'ymgodymu â realiti'.[36]

On'd oedden nhw'n hogiau siriys?

GUTO DAFYDD

Yng ngherddi arobryn Coron Eisteddfod Cwm Rhymni 1990, 'Gwreichion', mae Iwan Llwyd yn mynd ar ei ben i un o'r tiriogaethau anodd hynny drwy ymateb i chwalfa 1979.[37] Yn y casgliad hwnnw mae cerdd (neu 'olygfa') am bob blwyddyn o 1979 i 1990, a thri mis ar ddeg rhwng pob cerdd. Y stori dros y cwbl yw fod mab – Rhys – yn cael ei genhedlu yn 1979 i fam sengl. Mae hithau'n ei fagu'n ofalus yn y pethe er iddi'n wreiddiol ddymuno'i erthylu. Mae bodolaeth Rhys yn cynrychioli gobaith a thywyllwch ei gyfnod. Ond mae llawer mwy na hynny yn y casgliad. Mae'n dangos dealltwriaeth o seicoleg y Cymry a'u sefyllfa yn y cyfnod anodd hwn.

Yn ei ddadansoddiad o'r cerddi, mae Wiliam Owen Roberts yn sôn am y '[b]ancan go ddifrifol' a roddwyd yn 1979 i 'Fyth Cenedlaetholdeb Cristnogol Gwledig'.[38] Gellir canfod methdaliad y tair elfen yn y cerddi: cenedlaetholdeb, Cristnogaeth, a bywyd gwledig.

Gwelir marwolaeth bywyd cefn gwlad yng Ngolygfa 1 – angladd ffarmwr o Fôn. Mae cymdeithas yn dymchwel, a'r galarwyr yn 'dystion distaw i siwrne olaf arall'.[39] Hwiangerdd wyrdroëdig yw Golygfa 4: '[a]nadliad olaf' cymunedau sy'n siglo'r crud. Mae realiti'n brathu yn y gerdd – '[c]wrw a choncrid y palmant'. Ac mae'r tyddyn lle magodd y fam Rhys yn cael ei ddymchwel er mwyn ei ailgodi mewn amgueddfa.

Dyna ddiffyg perthnasedd crefydd, wedyn: yng Ngolygfa 3 mae'r fam yn mentro 'i oedfa'r hwyr' er mwyn ceisio gweld

AWEN IWAN

ystyr yn nherfysg y cyfnod – cyfnod yr IRA a therfysgoedd Brixton; cyfnod tywyll Thatcher. Ond mae'n methu – 'ni ffurfiodd y llun' ac mae realiti bywyd yn tarfu ar y cwrdd: 'tarfodd seiren ar y seiat'.

Yn achos cenedlaetholdeb, sef y drydedd elfen, disgrifir y Cymry – a oedd gynt yn wrthsafwyr a fentrai herio a goroesi, yn gerrig bychain yn eu 'lluchio'u hunain fesul un yn erbyn y llanw' – fel llanw sy'n troi yn ei erbyn ei hun ac yn '[d]ymchwel y gaer'. Trosiad yw hwn am bleidlais enbyd refferendwm 1979.

Mae gwaith Bruce Chatwin ar Aborijiniaid Awstralia yn y gyfrol *The Songlines* (1988) yn allweddol i'r casgliad, ac mae dyfyniad ganddo uwchben y cerddi: 'each Ancestor opened his mouth and called out, "I am!"' Datgan bodolaeth. Cenhedlwyd Rhys yn y fynwent. Nid poen gorfforol y geni a ddaeth â'r mab i fod, ond canu enw arno: 'a chenais dy enw, Rhys'.

Ni chafodd y fam sengl yn y cerddi yma wared ar y cywilydd a deimlai ynghylch cenhedlu'r mab, er iddi ganu ei enw a'i fagu'n ofalus yn hafod y mynydd. Mae'n cyfaddef yng Ngolygfa 11 iddi ddymuno erthylu Rhys a'i 'garthu'n waedlif rhyw fore'. Ond dros y degawd, magodd ddigon o hyder i gyfiawnhau ei mab, a chyhoeddi ei genhedlu a'i fodolaeth:

datganodd dy genhedlu ar goedd.

Mae Rhys yn drosiad o gywilydd y Cymry'n troi'n hyder ar ôl bod drwy ddegawd anodd yr wythdegau.

A dychwelyd at y syniad o'r bardd yn teithio, roedd hyn yn rhan bwysig o'r ysgogiad i Iwan fod ynglŷn â threfnu teithiau barddol o amgylch Cymru. Y fformiwla oedd fod rhyw hanner dwsin o feirdd yn mynd i dafarnau neu neuaddau ym mhob rhan o Gymru'n cyflwyno a darllen yn eu tro gerddi a gyfansoddwyd yn arbennig ar thema'r daith, gyda cherddor (Geraint Løvgreen yn fwyaf cyffredin – ond nid cyffredin o ran safon!) yn canu caneuon. Cychwynnodd hyn yn Eisteddfod Llangefni 1983, a datblygu gyda sioeau fel *Cicio Ciwcymbars, Bol a Chyfri Banc*, a *Thaith y Saith Sant*.

Yn achos taith *Syched am Sycharth*, mae'n amlwg fod y beirdd yn eu gweld eu hunain yn llinach y beirdd hynny a waharddwyd dan y Deddfau Penyd 'rhag teithio o dref i dref i adrodd eu cywyddau maleisus'.[40] Yng nghyfnod Glyndŵr, roedd yr awdurdodau'n ymwybodol o'r 'many disturbances and mishchiefs which have occurred heretofore' oherwydd 'Rhymers, Minstrals and other Vagabonds'.[41]

Fel y dywedais eisoes, mae Iwan yn ymwybodol o werth y beirdd i Glyndŵr. Dywed yn y gerdd 'Sycharth' mai nhw, y 'penseiri geiriau', oedd yn gyfrifol am sicrhau bod pensaernïaeth cartref Glyndŵr yn arhosol er i'r plas gael ei losgi: 'gadael palas / lle nad oedd ond crugyn mewn cilgant aur'.[42] Mae'r gyfrol *Syched am Sycharth* yn honni mai rhywbeth tebyg yw gwaith y beirdd heddiw: crwydro'r wlad gan atgoffa'r bobl 'cymaint – a chyn lleied – sydd wedi newid yng Nghymru dros y 600 mlynedd diwethaf'.[43]

Wrth gwrs, roedd delwedd y clerwr yn rhan o'r rheswm pam roedd y teithiau barddoniaeth yn apelio at Iwan. Ond roedd ganddo hefyd weledigaeth ynghylch poblogeiddio barddoniaeth. Roedd ganddo golofn heriol yn *Barddas* lle gwyntyllai sawl syniad *off-piste*, arloesol. Un o'i themâu amlwg oedd sut i ddenu cynulleidfa newydd i farddoniaeth. Mor gynnar â mis Mawrth 1998, roedd yn dweud bod angen cofleidio cyfrwng newydd y we fyd-eang, a dysgu gan sbinddoctoriaid – defnyddio heip a dulliau adnabod cynulleidfa i werthu digwyddiadau barddoniaeth yn fwy effeithiol.[44] Mae tranc yr hen gywyddwyr yn agos i'r wyneb ganddo: mae am sicrhau nad yr un fydd tynged beirdd heddiw.

Agwedd arall ar ei grwsâd i boblogeiddio barddoniaeth oedd ei waith yn cyfansoddi cerddi gyda phlant ysgol drwy'r wlad. Ym mhennod gynhwysfawr Myrddin ap Dafydd ar hynny yn *Iwan, ar Daith*, dangosir llwyddiant Iwan yn trosglwyddo i'r plant ei ryfeddod at yr hyn y gall yr iaith a'r dychymyg uno i'w gyflawni.

Gellid dadlau bod y teithiau hyn – teithiau criw o feirdd – yn mynd yn groes i'r syniad o'r bardd fel unigolyn. Ac roedd Iwan yn gyd-weithiwr mawr. Efallai iddo ddweud ar ddechrau ei yrfa (mewn cerdd sydd, gyda llaw, yn

GUTO DAFYDD

cyffelybu barddoni â mastwrbeiddio) mai 'Gweithred unig yw barddoni'.[45] Ond wrth ymgymryd â bywyd bardd roedd yn awyddus i gydweithredu â phobl â doniau a chrefftau gwahanol. Gwelir hynny o edrych ar ei gyfrolau: mae pob un yn cynnwys delweddau arbennig gan artist.

Roedd a wnelo Iwan â nifer o fandiau. Roedd o'n chwarae'r gitâr fas i Geraint Løvgreen a'r Enw Da, yn ogystal â bod yn un o sawl bardd oedd yn cyfrannu geiriau – ac mae dawn Geraint i dynnu'r diwn o eiriau Iwan wedi sicrhau y bydd ei eiriau ar gân, y tu allan i gloriau llyfr, am flynyddoedd.

Roedd hefyd yn aelod o fand lle roedd y prif leisydd – Steve Eaves – yn fardd cydnabyddedig ei hun. Er nad oedd angen i Iwan gyfrannu geiriau yn yr achos hwnnw, mae'n deg dweud bod osmosis barddol ar waith. Roedd y cydweithio mor dynn nes y bu raid i Steve Eaves sgwennu llythyr at *Barddas* yn cywiro'r camsyniad cyffredin mai Iwan Llwyd, yn hytrach na Steve Eaves ei hun, yw awdur 'Garej Lôn Glan Môr' (cerdd yr oedd Iwan yn ei hadrodd ar yr albwm).[46] Mae gan Iwan gerdd i Steve Eaves, sef 'Glöyn byw ar sêt gefn y car'.[47] Tybiais yn wreiddiol fod teitl y gerdd yn llinell wedi'i benthyg o un o ganeuon Steve Eaves, ond mewn gwirionedd mae'n gyfuniad o ddwy linell o un gân ('Rhoddais i sws i'r glöyn byw tatŵ ar ei hysgwydd' a 'Gen i bedwar can o lager ar sedd gefn y car', o 'Dau gariad ail law').[48] Mae'n anodd dweud ai jôc ynteu camgymeriad sydd yma. Mae'r gerdd hefyd yn sôn am syniad a welir yng ngwaith Steve Eaves – 'chwilio'r gofod rhwng y geiriau' – ddeng mlynedd cyn i Steve Eaves gyhoeddi'r gân sy'n sôn am hynny, sef 'Taw pia hi (Y Tao pia hi)' ar *Moelyci*.[49]

Wrth ddilyn Iwan ar deithiau drwy Gymru, felly, gwelwn fod adnabod ei wlad yn hanfodol iddo. Mae'n deall sut y bu adnabod Cymru'n allweddol yn wleidyddol yn y gorffennol, ac yn gwybod bod y beirdd wedi teithio'r wlad o'i flaen. Daeth yntau i adnabod pobl a seici Cymru a chofnodi gobaith, anobaith a chymhlethdod ei gyfnod ei hun yn hanes y genedl. Bu yntau'n ysgogi teithiau o gwmpas y wlad am ei fod mor benderfynol o gyflwyno barddoniaeth i gynulleidfaoedd newydd a dod â neges berthnasol iddynt hwythau.

Dyma ni'n cyrraedd trydydd pen y bregeth, sef teithio Amser.

Dywedodd Nei Karadog wrth dderbyn swydd Bardd Plant Cymru ei fod yn teimlo fel y Doctor pan fydd hwnnw'n 'regeneratio' yn *Doctor Who*. Rwyf innau o'r farn fod y bardd Cymraeg yng ngwaith Iwan Llwyd yn greadur sy'n neidio i Dardis y traddodiad ac yn gwibio drwy Amser yn sgil profiadau beirdd yn y canrifoedd a fu.

Roedd Iwan yn fardd oedd yn reslo â'i draddodiad. Roedd sylwadau go ymosodol ar Feirdd yr Uchelwyr yn erthyglau

Iwan a Wil Garn. Dywedodd Wil wrth gyfaill un tro: 'Mae isio smasio Beirdd yr Uchelwyr'. Ond roedd Iwan yn teimlo bod profiadau'r beirdd hyn yn ganllaw iddo, a'i fod yn eu holyniaeth. Iwan Llwyd – y *time traveller*? Gan eich bod yn edrych arnaf fel pe bawn yn Dalek, ystyriwch y gerdd 'You're not from these parts?' Digon hawdd dychmygu'r sefyllfa: Iwan yn landio mewn tafarn wledig yn y Deheubarth yn rhywle, a rhyw Sais yn gofyn o'r snyg i'r deryn diarth hwn, 'You're not from these parts?' Mae'r ateb yn gofiadwy. Na, meddai Iwan, dydi o ddim yn dod o'r ardal. Ond dim ots am hynny. Wrth deithio Cymru benbaladr, gall gerdded yn hyderus. Pam? Oherwydd bod ei hynafiaid wedi bod yn dilyn y llwybrau hyn o'i flaen. Mae ei ragflaenwyr

> yn cyfeirio fy nhaith, yn llewyrch i'm llygaid;
> achos mae pob taith eilwaith yn gwlwm
> â'r ddoe sy'n ddechreuad, â fory ers talwm.[50]

Dyna a olygaf wrth ddweud bod Iwan Llwyd yn teithio drwy Amser: wrth deithio, a dilyn y llwybrau a gofnodwyd gan feirdd y gorffennol, mae'n teimlo'i fod yn rhan o'u stori nhw, yn rhannu eu dealltwriaeth nhw o'r wlad. Gall edrych ar bethau gyda phersbectif y traddodiad.

Cerdd am gyfoeth cof o brofiadau o'r gorffennol a'r dyfodol yw 'You're not from these parts?'– a'r rheini'n cael eu sianelu drwy'r unigolyn:

yn y distawrwydd rhwng dau gymeriad
ar gornel y bar, mae 'na filoedd yn siarad
am ffeiriau a chyrddau a chweryl a chariad.

Mae bod yn fardd yn fwy na barddoni. Mae'n golygu bod yn
ganolog mewn cymdeithas ac ymgymryd â swyddogaethau
eraill: 'bûm yma yn niwyg / pregethwr, tafarnwr, breuddwydiwr
a bardd'. A phob math o greaduriaid hefyd:

> bûm dlws, bûm Daliesin, bûm yn crwydro Rhos Helyg,
> bûm garw, bûm gorrach.

Ceisia uniaethu ei hun â chynifer â phosibl o gymeriadau a
ffurfiau sy'n ein hatgoffa o wahanol draddodiadau cynhenid.

Rydw i eisoes wedi sôn am y gerdd 'Bardd'. Ynddi,
mae'r ysfa i symud yn rhan ganolog o'r diffiniad o fardd:
'roedd crwydro yn ei waed', meddai.[51] Mae hyn yn ymateb
i gyffredinedd bywyd, ac nid crwydro dibwrpas ydyw:
mae gan y bardd gof sy'n ei arwain i lefydd arwyddocaol.
Mae barddoniaeth yn rym sy'n 'mapio'r anghyfannedd' –
'cerdded y llwybrau a'u canu'n rhwydwaith o fan i fan'.

Mae gan Iwan olwg uchel, felly, ar rôl y bardd – sentiment
sy'n wahanol iawn i'r ddealltwriaeth Farcsaidd yn erthyglau
Iwan a Wil o rôl y bardd, a Beirdd yr Uchelwyr yn benodol.
Maen nhw'n ystyried yr uchelwyr fel rheolwyr cyfalaf a'r
beirdd fel cynhyrchwyr.[52]

Soniais am y bardd fel teithiwr. Ond beth arall yw bardd?

Beth yw ei swyddogaeth? Beth bynnag am foesoldeb y gyfundrefn farddol, roedd bod yn un o Feirdd yr Uchelwyr yn waith gweddol hawdd ei ddeall. Roedd i'r bardd ei swyddogaeth – moli, yn fyr – ac roedd i'r farddoniaeth bwrpas. Ond newidiodd hynny. Mae Iwan a Wil yn crynhoi'r newid hwn mewn tabl go handi. Wedi i'r economi ffiwdal fynd yn un gyfalafol ac i hegemoni wleidyddol ddatblygu, daeth 'na newidiadau i fyd llenyddiaeth hefyd: daeth 'moddau cyfathrebu / teithio' yn fwy cymhleth a chymerodd gwacter ystyr le athroniaeth 'Cadwyn Bod'. Yn sgil hyn oll, cymerodd 'amwysedd' le 'swyddogaeth benodol i artist' a '[ph]wrpas penodol i farddoni' fel ei gilydd.

Felly beth yw pwrpas y llenor yn ein cyfnod ni?

Mae gan Iwan gerdd o'r enw 'Llys Rhys Gryg yn y Dryslwyn', cerdd i Rhodri Williams, cyn-gadeirydd Bwrdd yr Iaith a deilydd sawl swydd sefydliadol arall, a ffrind i Iwan. Fel un y gellid ei alw'n un o brif ddynion y 'Sefydliad' yng Nghymru, hwyrach fod Rhodri Williams yn cyfateb i uchelwr modern. Ac yn y gerdd mae Iwan Llwyd yn ceisio cyflawni un o swyddogaethau traddodiadol y bardd, sef cynghori'r noddwr.[53]

Trafodais y gerdd â Rhodri Williams. Roedd Iwan wedi dweud wrtho fod ganddo gerdd iddo yn ei gyfrol ddiweddaraf – heb esbonio mwy. Roedd hynny yn ystod cofnod Rhodri Williams yn gadeirydd Bwrdd yr Iaith. Er bod y gyfeiriadaeth yn dywyll iddo, dehonglodd Williams y gerdd fel beirniadaeth o'r strategaeth 'fwy cymodlon' yr oedd yn ceisio'i dilyn – ennyn cefnogaeth gan y di-Gymraeg a pheidio â sôn am 'frwydr' yr iaith.[54]

Yn y gerdd, daw'r bardd i gwrdd â Rhys Gryg, tywysog ar ran o'r Deheubarth, a garcharwyd gan y Saeson yn 1213. Fe'i rhyddhawyd yn 1215, yn y gobaith y byddai'n cychwyn rhyfel cartref yn erbyn aelodau o'i deulu a oedd wedi troi yn erbyn brenhiniaeth Lloegr. Ond fe ymunodd Rhys, ei frawd a'i neiaint â Llywelyn Fawr i gipio nifer o gestyll de Cymru.

Dyna lle mae'r gyffelybiaeth â Rhodri Williams: un sydd mewn swyddi 'dan y goron' fel petai, un a 'ryddhawyd' gan y Saeson yn y gobaith y byddai'n gwneud eu gwaith budr drostynt. Yn y gerdd, mae Rhys Gryg yn dangos i'r bardd yr hyn a gollwyd, egin bywyd sifil Cymreig: 'dyma ein dinas a'n map'.[55] Mae dau gyfrifoldeb yn pwyso: un yw'r cyfrifoldeb i beidio â thaflu ymaith y manteision sydd gennym – troi 'llain las yn faner wen'. Yn ail, mae Rhys yn ein hatgoffa fod 'gwyrth yn ein gofal'.

Dyma Iwan yn ceisio cyflawni un o swyddogaethau'r beirdd, sef cynghori'r arweinydd. Yn llysoedd tywysogion Cymru roedd i'r bardd ei le a'i lais. O gofio am yr erthyglau yn beirniadu 'fframwaith anachronistaidd' y traddodiad, onid yw'n rhyfedd gweld Iwan yn ceisio gwisgo mantell y bardd llys wrth chwilio am bwrpas ymarferol penodol i'w farddoniaeth? 'Anachronistaidd' meddai'r erthyglau; *time travel* yw fy nherm i.

Wrth sôn am 'y bardd', mae'r meddwl yn troi at bersona penodol, delfryd o fardd – rôl a chwaraeodd Iwan i'r eithaf, boed yn fwriadol neu'n anfwriadol. Dyma'r teithiwr talog, y *raconteur*, y clerwr mwyn, y trwbadŵr, sy'n yfed am yn ail â mercheta a sgwennu ambell gerdd ac sy'n dianc â chroen ei ddannedd rhag peryglon enbyd. Mae'n ddelwedd atyniadol.

Mae dirgelwch o gwmpas Iwan. Tybiaf mai'r rheswm dros y dirgelwch hwnnw yw ei bod yn anodd gwahaniaethu rhwng persona'r bardd a'r person go iawn – os oedd gwahaniaeth o gwbl.

Rhaid gofyn hefyd i ba raddau roedd y persona a'r ddelwedd hyn yn gysylltiedig ag alcohol. Wrth ddisgrifio'r profiad o deithio gydag Iwan yn America, mae Michael Bayley Hughes yn ei ddisgrifio fel un swil iawn gyda phobl ddiarth, oedd yn yfed yn drwm er mwyn goresgyn ei swildod a'i ddiffyg hyder.[56] Ac wedyn, yn ei farwnad wirioneddol fawr i Iwan, mae Myrddin ap Dafydd yn dweud fel hyn, yn onest ac urddasol:

> Garw i mi y grym oedd
> yn wenwyn yn ei winoedd
> a'r hen graig yn troi'n gregyn
> a graean o dan y dyn;
> ofnwn naid y Sauvignon
> a môr niwloedd y meirwon.[57]

Roedd alcohol yn galluogi Iwan i fod yn gymeriad allblyg, rhamantaidd, carismatig. Ond roedd yfed hefyd, gellid dadlau, yn elfen ddinistriol yn ei fywyd.

Rhan arall o'r dirgelwch am Iwan yw fod argoelion o'i farwolaeth i'w gweld yn glir wrth edrych ar ddiwedd ei yrfa.

Lai na blwyddyn cyn iddo farw, cyhoeddodd *Sonedau Pnawn Sul,* gyda theitl y gyfrol yn awgrymu cau cylch – enw'i lyfr cyntaf oedd *Sonedau Bore Sadwrn.*

Mewn cân a roddodd i Geraint Løvgreen ychydig cyn marw, 'Y Gaucho' – cân sydd, fel y soniais, yn disgrifio cymeriad carismatig, peryg, de-Americanaidd sy'n estyniad o gymeriad Iwan ei hun – dywed:

> Mae'n bryd iddo eto groesi'r ffin,
> mynd am y drin ddiderfyn,
> sy'n gwmwl ar y gorwel pell
> ac yn wlad anghysbell wedyn.[58]

Yn y rhifyn o *Barddas* a gyhoeddwyd yn fuan ar ôl ei farwolaeth, roedd gan Iwan gerdd o'r enw 'Ffarwelio' – cerdd am Lerpwl, oedd wedi ei sgwennu ers rhai blynyddoedd. Yn yr un rhifyn, roedd y gerdd 'Kenavo', wedi ei chyflwyno 'i Twm'.[59] Mae'n gerdd ingol, lle mae'n chwarae'n chwerw-felys â'r gân werin 'Mae Nain mewn bwthyn bach', yn dweud bod 'lliw marwolaeth ar [b]awen' y gath a bod yr 'arch newydd yn barod 'sti'. Mae'r gerdd yn mynd rhagddi i roi cyngor a chysur i'w gyfaill mawr ar gyfer yr adeg pan fydd o 'ar y bryn 'na sy'n llawn hiraeth': 'mae 'na rai ar ôl sy'n dal yn ffyddlon / i weddillion ein halawon ni'.

Dichon y ceisiai darlithydd dewrach na mi dynnu casgliadau o'r hyn yr wyf newydd ei ddisgrifio. Gallai'r casgliadau hynny amrywio o gondemnio dirwestol i *conspiracy theories*. Gêm beryg yw hynny. Er enghraifft, yng nghân Iwan 'Hen drefn', mae ambell linell sydd, yn ôl Geraint Løvgreen, 'mor broffwydol nes bod yn hollol ysgytwol'.[60] Mae'r gân yn sôn am 'hen gnoi lawr yng ngwaelod fy stumog'; o wybod i Iwan farw o friw ar ei stumog, mae hynny'n wir yn ysgytwol. Ond mae'r gân yn hen un, yn flynyddoedd oed. Golyga hynny nad wyf yn barod i wneud datganiadau mawr ar ei sail.

Mae'r cwbl yn ddirgelwch. Ni wyddom ai cyd-ddigwyddiad yw'r holl argoelion poenus hyn fod angau'n agos, ynteu a oedd Iwan yn ymdeimlo go iawn â'i farwolaeth. Dydw i ddim yn gwybod. Wna i ddim smalio fy mod yn gwybod.

Ond dyma ddychwelyd at Iwan yn teithio drwy amser. Yn 'Cerdded i Abergwyngregyn', disgrifia dro prynhawn o Fangor i gartref hen dywysogion Gwynedd yn Aber.[61] Mae'n dilyn llwybr cregyn sy'n hŷn o lawer na'r A55, llwybr sy'n galluogi'r bardd i weld yr hyn a welid wrth gerdded y llwybr ganrifoedd yn ôl.

Mae '[t]ŵr y Penrhyn yn dal i'n twyllo' – drwy'r coed, mae'n ansicr a yw castell y Penrhyn yno ai peidio; gall y bardd ei ddymchwel yn ei feddwl. Mae'n gweld ['t]ŵr eglwys Aber / a Phen y Bryn', sef yr hyn a welid wrth deithio o ganolfan eglwysig Bangor i'r ganolfan wleidyddol yn Aber yn oes Llywelyn. Mae ei daith yn ei alluogi i wadu arwyddion o'r goncwest a'r 'tyrau newydd ar lannau'r Fenai'.

Mae'r gerdd yn dirmygu'r ffyrdd newydd a'r ceir sydd 'yn nhinau'i gilydd ar y ffordd osgoi'. Mae'n cymharu'r A55 â'r llwybr o gregyn 'gwynion, budur'. Oherwydd bod llai o bobl yn defnyddio'r llwybr hwnnw, bydd yn dal yno pan 'dagith y draffordd dan draffig'.

Mae'n gerdd sy'n chwarae mig â hanes. Mae'n darlunio'r realiti presennol yn nhraffig diddiwedd yr heol newydd, ond mae'r weithred o gerdded y llwybr yn fodd o wrthod y teithio newydd hwnnw ac o ymgysylltu â phethau fel yr oeddent ganrifoedd yn ôl.

Cerdd arall sy'n chwarae mig ag amser a hanes ydi 'Aneirin'. Ergyd y gerdd yw fod gwaith y bardd rhyfel neu'r newyddiadurwr rhyfel yr un fath ar draws y canrifoedd. Mae Iwan yn cyfleu hynny drwy danseilio'r syniad o amser: mae 'Aneirin' yn y gerdd yn disgyn o 'hofrennydd'. Ochr yn ochr â 't[h]anciau' mae 'cig amrwd a fwydai frain' – delwedd o'r Hengerdd. Drwy wneud hynny, uniaethir gwaith y bardd a'r newyddiadurwr

yng Nghatraeth a Kampuchea,
y Somme a'r Chwe Sir.[62]

Mae rhesymeg y tu ôl i'r teithio Doctor Who-aidd hwn drwy amser. Yn ôl yr erthyglau, y dull priodol o gyfathrachu â'r traddodiad yw ei 'ail-drosi'. Beth yw ail-drosi? Cymryd gweithiau o'r gorffennol a'u haddasu a'u perthnasu ar gyfer y presennol; ailedrych ar holl orffennol llenyddiaeth a'i gymhwyso i'n hoes ni: 'Rhaid ailedrych yn barhaol ar wahanol epocau yn ein llenyddiaeth, a'u *hail-drosi* yng ngoleuni ein hoes a'n hanghenion.'[63] Os ydi'r erthygl hon yn dangos unrhyw beth, dyma ydyw: bod Iwan wedi ail-drosi ei draddodiad, a hynny'n cael ei ddarlunio gan y daith yn fwy na dim arall. Mae'n debyg y byddai Iwan yn deithiwr pe na bai'n fardd – byddai wedi bod â'i fryd ar brofi rhyfeddodau a gwthio'r ffiniau hyd yn oed pe bai'n blymar. Ond rhoddodd ei grefft a'i draddodiad ystyr i'w grwydro. Roedd yn dilyn llwybrau ystyrlon, ac yn eu dehongli â holl synnwyr pen bardd o Gymro.

Canfu gymheiriaid mewn diwylliannau eraill ac uniaethu hunaniaeth y Cymry dros y canrifoedd â nhw. Dilynodd lwybrau T.H. a'r Cywyddwyr a'r beirdd gwerin – i Rio fel i Geredigion. Meddiannodd ei brofiadau o ryfeddodau'r byd drwy eu barddoni. Dygodd i'w farddoniaeth synau a syniadau America, a'u gosod gyfysgwydd â chanu'r Cywyddwyr. Roedd â'i fys ar byls y presennol – yn deall grymoedd globaleiddio, cyfalafiaeth, rhyfela a gwleidyddiaeth fodern ac yn sylwebydd craff arnynt – ond roedd hefyd yn medru cyfoethogi ei farn â phersbectif y traddodiad. Sicrhaodd fod cenhedlaeth newydd o feirdd yn crwydro Cymru gan gyflwyno barddoniaeth i gynulleidfaoedd newydd, oherwydd ei fod yn benderfynol o wneud barddoniaeth mor ganolog i gymdeithas Cymru heddiw ag yr oedd o'r blaen. Daeth i adnabod Cymru, ei phobl a'i seici, a gweld y cwbl yng nghyd-destun ein hanes fel y'i cyflwynir gan y beirdd.

Wrth sôn am Iwan yn teithio drwy Amser, fe'i disgrifiais yn gwibio i'r gorffennol er mwyn nôl dealltwriaeth i'w chymhwyso at y presennol. Ond roedd Iwan hefyd yn teithio i'r dyfodol. Gwn hynny am iddo ddod i'm gweld yr wythnos diwethaf. Roeddwn i'n nogio wrth sgwennu'r erthygl hon. Digwyddais agor un o'i lyfrau, a dyna lle roedd Iwan: mewn dau air – 'Caria 'mlaen' – a'i lofnod.

Pan fydd Cymry'r dyfodol yn darllen ei waith ymhen hanner canrif, canrif, hanner mileniwm, bydd yn teithio drwy amser i ymweld â hwythau. Rhydd iddynt ddealltwriaeth o'n cyfnod ni: seici'r Cymry yn y cyfnod hwn o fagu sofraniaeth wrth i natur cymdeithas a chyfathrebu newid yn sydyn. Caiff darllenwyr y dyfodol hefyd adnabod Iwan: teimlo rhywfaint o'i garisma a chymhlethdod ei gymeriad.

A gobeithio hefyd, pryd bynnag y bydd Cymry a beirdd y dyfodol yn cyfarfod ag Iwan yn ei waith, y cânt eu hysbrydoli: i ddarganfod cynulleidfaoedd newydd a chanu mewn ffyrdd sy'n eu denu; i weld y byd, ei fwynhau, a disgrifio'i

GUTO DAFYDD

ryfeddodau a'i bechodau'n grefftus yn Gymraeg; ac i barhau i adnabod ein traddodiad a'i wneud yn berthnasol i'n sefyllfa ni heddiw. Wynebu 'her newydd yr hen siwrneie'.[64]

## Nodiadau

1  Darlith Gŵyl Farddoniaeth Tŷ Newydd, 23 Tachwedd 2013

2  The Beatles, 'Hey Bulldog', *Yellow Submarine* (Apple Records, 1969)

3  'Bardd', *Be 'di Blwyddyn Rhwng Ffrindia?* tt.101–2

4  'O le i le', *Barddas*, 287 (Ebrill/Mai 2006), tt.26–7

5  Wiliam Owen Roberts, 'Rhai atgofion coleg', Myrddin ap Dafydd (gol.), *Iwan, ar Daith*, t.32

6  Iwan Llwyd Williams a Wiliam Owen Roberts, 'Myth y traddodiad dethol', *Llais Llyfrau* (Hydref 1982), tt.10–11

7  Wiliam Owen Roberts ac Iwan Llwyd Williams, 'Mae'n bwrw yn Toremolinos', *Y Faner* (14 Rhagfyr 1984), tt.6–7

8  Myrddin ap Dafydd (gol.), *Iwan, ar Daith*, t.141

9  Twm Morys ac Iwan Llwyd, *Eldorado*, t.9

10  'Y daith', *Be 'di Blwyddyn Rhwng Ffrindia?*, tt.160–161

11  'Y Dieithryn' ac 'Y Gaucho', *Iwan, ar Daith*, tt.14–15

12  *Sonedau Pnawn Sul*, Broliant

13  'Y truan', *Be 'di Blwyddyn Rhwng Ffrindia?* t.118

14  'Far Rockaway', *Dan Ddylanwad*, t.17

15  Neil Young, 'Albuquerque', *Tonight's the Night* (Reprise, 1975)

16  'Y Weddi', *Eldorado*, t.89

17  'Caru', *Eldorado*, t.11

18  'Cardiau Post', *Eldorado*, t.34

19  'Ffrae', *Eldorado*, t.57

20  'Lorca ac Orwell', *hanner cant*, t.43

21  'Dan ddylanwad', *Dan Ddylanwad*, t.14

22  'Ar lan afonydd Babylon', *Dan Anesthetig*, t.26

23  'Hiawatha', *Dan Ddylanwad*, t.31

24  'Harley Davidson', *Dan Ddylanwad*, tt.28–9

25  'Califfornia', *Dan Ddylanwad*, t.121

26  'Tai unnos', *Be 'di Blwyddyn Rhwng Ffrindia?* t.18

27  *Rhyw Deid yn Dod Miwn*, t.127

28  Iwan Llwyd Williams, 'Llwybro â llafur at Lynllifon' (Caernarfon, 1990)

29 Myrddin ap Dafydd, 'Dilyn camau'r cywyddwyr', *Iwan, ar Daith*, t.44

30 Myrddin ap Dafydd, 'Dwy Daith', *Syched am Sycharth*, tt.17–18

31 Myrddin ap Dafydd, *Syched am Sycharth*, t.21

32 Llion Jones, 'Wncwl Lyn a Ginsberg' *Iwan, ar Daith*, t.53

33 'Genod y til', *Be 'di Blwyddyn Rhwng Ffrindia?*, tt.169–70

34 Iwan Llwyd Williams a Wiliam Owen Roberts, 'Myth y traddodiad dethol', t.11

35 Wiliam Owen Roberts ac Iwan Llwyd Williams, 'Mae'n bwrw yn Toremolinos', t.7

36 Iwan Llwyd Williams a Wiliam Owen Roberts, 'Myth y traddodiad dethol', t.11

37 *Cyfansoddiadau a Beirniadaethau Eisteddfod Genedlaethol Cwm Rhymni 1990* (Llys yr Eisteddfod Genedlaethol,1990), tt.37–44

38 Wiliam Owen Roberts, 'Gwreichion, Iwan Llwyd', *Taliesin*, 80 (1993), tt.25–42

39 *Cyfansoddiadau a Beirniadaethau Eisteddfod Genedlaethol Cwm Rhymni 1990*, tt.37–44

40 Myrddin ap Dafydd, *Syched am Sycharth*, t.6

41 Myrddin ap Dafydd, *Syched am Sycharth*, t.9

42 'Sycharth', *Syched am Sycharth*, t.22

43 Myrddin ap Dafydd, *Syched am Sycharth*, t.6

44 'Asiantaethau ac ati', *Barddas*, 245 (Mawrth/Ebrill 1998), tt.28–9

45 'Sonedau Bore Sadwrn', *Sonedau Bore Sadwrn*, t.4

46 Steve Eaves, 'Cywiro Camargraff', *Barddas*, 310 (Ionawr/Chwefror/ Mawrth 2011), t.13

47 'Glöyn byw ar sêt gefn y car', *Be 'di Blwyddyn Rhwng Ffrindia?*, t.90

48 Steve Eaves, 'Dau gariad ail law', *Croendenau* (Sain,1992)

49 Steve Eaves, 'Taw pia hi (Y Tao pia hi)', *Moelyci* (Sain, 2007)

50 'You're not from these parts?', *Be 'di Blwyddyn Rhwng Ffrindia?*, t.35

51 'Bardd', *Be 'di Blwyddyn Rhwng Ffrindia?*, tt.101–2

52 Iwan Llwyd Williams a Wiliam Owen Roberts, 'Myth y traddodiad dethol', t.10

53 'Llys Rhys Gryg yn y Dryslwyn', *hanner cant*, t.22

54 Sgwrs ffôn â'r awdur presennol, 18 Tachwedd 2010

55 'Llys Rhys Gryg yn y Dryslwyn', *hanner cant*, t.22

56 Michael Bayley Hughes, 'Ar y lôn efo Iwan', *Iwan, ar Daith*, tt.60–65

57 Myrddin ap Dafydd, 'Iwan', *Iwan, ar Daith*, tt.122–4

58 'Y Gaucho', *Iwan, ar Daith*, t.15

59 'Ffarwelio' a 'Kenavo', *Barddas*, 307(Ebrill/Mai/Mehefin 2010), t.36

60 Geraint Løvgreen, 'Hen drefn', *Iwan, ar Daith*, t.102

61 'Cerdded i Abergwyngregyn', *hanner cant*, tt.20–21

62 'Aneirin', *Dan Anesthetig*, t.22

63 Wiliam Owen Roberts ac Iwan Llwyd Williams, 'Mae'n bwrw yn Toremolinos', t.7

64 'Y Golomen (2)', *Dan Ddylanwad*, t.126

'Llond coed

yn canu o adar'

# FELLY IWAN

Rhai agweddau ar gyfeiriadaeth, delwedd,
a gair mwys ym marddoniaeth Iwan Llwyd

*Twm Morys*

Rwy'n cofio athro Saesneg ers talwm yn trafod gwaith
Dylan Thomas yn y dosbarth.[1] Roedd delweddau'r dyn yn
drawiadol, meddai, ond roedd yn amau yn fawr a oedd
llawer ohonyn nhw'n golygu dim. Rwy'n cofio hoff enghraifft
ganddo hefyd, o'r gerdd 'Should Lanterns Shine' (1936), yn
sôn am 'amser, y bonheddwr distaw':

Whose beard wags in Egyptian wind.[2]

Roedd arwyddocâd delweddau Eifftaidd y gerdd y tu hwnt i
minnau hefyd, ond roedd hynny oherwydd bod ei themâu –
gormes amser a cholli diniweidrwydd ieuenctid – yn bethau
nad oedd hogyn ysgol cyffredin yn gwybod llawer amdanyn
nhw. Digon hawdd, a dweud y gwir, ydi dangos beth oedd sail
y gyfeiriadaeth. Yn 1922 darganfu Howard Carter feddrod
Tutankhamun a'i lond o drysorau, a thrwy laslencyndod Dylan

bu mynd mawr ar bob dim Eifftaidd ym myd ffasiwn a chelf. Yn 1932, pan oedd o'n ddeunaw oed, bu arddangosfa fawr o'r creiriau yn yr Amgueddfa Brydeinig. Darllenwch y gerdd: onid ydi hi'n debyg i rywbeth wedi ei sgrifennu wedi *gweld* mymi a phenddelw farfog mewn arddangosfa neu mewn llun neu ffilm (y flwyddyn honno hefyd y rhyddhawyd y ffilm *The Mummy* efo Boris Karloff)?[3] Dyna egluro o ble y daeth delweddau Eifftaidd 'Should Lanterns Shine'. Erbyn hyn, yn anffodus, mae eu harwyddocâd yn llai o ddirgelwch imi hefyd, ac ofnadwy iawn ydi'r awyrgylch llychlyd, hynaflyd, llethol maen nhw'n ei greu. Rhyddhad mawr ydi cael bod yn yr awyr agored yn y ddelwedd hyfryd heriol sy'n cloi.

'Na, wnes i ddim gradd yng ngwaith Dylan Thomas,' meddai Iwan wrth ymateb i ribidirês o gwestiynau ystrydebol ynghylch beth ydi bod yn Gymro.[4] Ond byddai'n gwrando â'i lygaid ynghau ar y recordiadau enwog ar label Caedmon o Dylan yn adrodd yn America yn y pumdegau, a thwrw awyren neu seiren weithiau yn y cefndir, fel y gwrandawai ar Bob Dylan a Bruce Springsteen; yn rhywle mae llun ohono yn eistedd yn y White Horse Tavern ym Manhattan a Dylan mewn darlun mawr du-a-gwyn y tu ôl iddo yn syllu dros ei ben;[5] dywedodd dynes yng Nghanada wrtho: 'Don't be Dylan Thomas all the way!' Ac roedd yn debyg iawn i *ddau* Ddylan yn y defnydd yma o ddelweddau. 'Hanfod barddoniaeth,' meddai, 'yw cyfeiriadaeth, delwedd, gair

TWM MORYS

mwys; bod y gerdd gynnil ar dudalen neu ar lafar yn cyffroi profiadau, teimladau a syniadau llawer ehangach.'[6]

Roedd Iwan y dyn â'i wreiddiau i gyd yn naear Cymru, eu hanner nhw ym Môn a'u hanner yn sir Aberteifi. Ond roedd Iwan y bardd yn gymysg ei dras. Ar un ochr roedd yn perthyn i draddodiad barddol ei wlad ei hun, a daeth i gredu o ddifri ei bod yn ddyletswydd ar fardd o Gymro deithio'i wlad gan ysbrydoli a phryfocio a chadw'r chwedlau'n fyw. 'Cyrch clera' y gelwid taith felly, ac yn hyn o beth gwelai Iwan ei hun a'i gyd-glerwyr yn debyg i'r hen Gywyddwyr:

> Doedd dim byd yn blwyfol amdanyn nhw. Roedden nhw'n deithwyr naturiol, a'r teithiau hynny yn cludo chwedlau a dylanwadau o'r de i'r gogledd, o'r dwyrain i'r gorllewin. Y beirdd oedd yn cynnal ac yn dathlu'r gwahanol gysylltiadau ... Weithiau 'dw i'n meddwl mai'r cywyddwr oedd *imam* ei gyfnod.[7]

Gallai droi ei law at gwpled caeth cwbwl glasurol ei dinc:

> I eraill, darn o weryd,
> Ond i rai, cynefin drud.[8]

Gallai ganu cystal â neb hefyd yn null gyrrwr hers y cyfnod rhwng 1979 ac 1997:

> Mae moelni mwy na'r moelni maith,
> Moelni cenedl heb anadl iaith.[9]

Ond mae haenau dyfnach o ystyr yn hwn, on'd oes? Rhyw air bach yng nghlust ei athro barddol T. H. Parry-Williams ydi o. A dyna englyn y 'Glaw' a gyfansoddwyd adeg Eisteddfod wlyb Castell-nedd, 1994, ac a dalodd am gwrw dau fardd am weddill yr ŵyl:

> Glaw mawr sy dros Gilmeri; – glaw yn llafn,
> Glaw yn llawn picelli,
> Glaw yn arf yn ein gŵyl ni,
> Glaw a laddai arglwyddi.[10]

Englyn cywaith, mae'n wir, ond Iwan ei hun piau'r llinell glo ysgubol, sydd ar yr un dôn, fel petai, â gweddill yr englyn, ond sydd yn rhoi iddo hefyd genadwri hollol gyfoes a phenodol: y flwyddyn honno y daeth yr Arglwydd Dafydd Elis-Thomas yn gadeirydd Bwrdd yr Iaith. Fel hyn wedyn y cyflwynodd yn Saesneg gywydd i'r barcud coch a wnaeth efo disgyblion ysgol Uwchradd Llanfair-ym-Muallt: 'He is a wild bird, a bird that is free, no-one can challenge him. His colours are those of the coat of arms of Prince Llywelyn, who is important within this area.'[11] Yn ystod cyrch clera cynharach yn yr ardal honno, bu'n holi pobol Llanfair-ym-Muallt (heb eu cyfarch wrth eu llysenw, 'Bradwyr Buellt') a wydden nhw'r hanes am Llywelyn ein Llyw Olaf yn curo'n ofer ar byrth y dre cyn mynd yn ei flaen drwy'r eira i Gilmeri.[12] Doedd neb wedi clywed yr hanes. Defnyddiodd Iwan y darlun yn y cywydd 'Anadl Llywelyn':

ym Muallt, ein llyw alltud
fu'n curo, curo cyhyd.

Ond mi roes dro annisgwyl i hwn hefyd yn y pennill nesaf: 'a'r *ateb* sy'n wefr eto'.[13] (Y fi piau'r italeiddio.)

Dro arall, gallai ddyfynnu'n gynnil o'r 'Gododdin' mewn cerdd am ohebydd rhyfel yn ein hoes ni yn ymweld â'r hogiau ar faes y gad, a rhoi'r teitl 'Aneirin' iddi, gan wybod y byddai nifer go lew yn y gynulleidfa (yr adeg honno, o leia) yn deall yn llawn ergyd y pennill sy'n cloi:

> rhoddaist iddynt fri a oroesai frwydr
> a chip ar dragwyddoldeb
> yn awen ddi-duedd y newyddiadurwr.[14]

Coegni sydd yn y llinell olaf, mae'n debyg: dim ond enwau 'ein hogiau ni' a gadwyd wedi brwydr Catraeth, am mai un ohonom ni oedd Aneirin, y gohebydd. 'Lleisiau'r trichant, nid y fyddin / a'u trechodd,' meddai Iwan mewn cerdd arall.[15]

Ond, fel y gwyddom ni, doedd neb mor ffyrnig ag Iwan yn lambastio'r traddodiad Cymraeg am ei geidwadaeth ganol-y-ffordd, a'i anallu neu ei amharodrwydd i fentro ac arbrofi. Roedd yn ei waith yn ei golofnau yn dwrdio'r garfan oedd yn 'gorwedd yn ôl ac yn bodloni ar ddelweddau y diwylliant gwledig.' Roedd y delweddau hynny, meddai, 'fel clustog rhag brathiad oer y gymdeithas gyfoes'.[16] Roedd beirdd Cymru yn rhy aml hefyd yn cadw at 'un llais, un ddelwedd, un mesur, un arddull lenyddol hyd at syrffed.'[17] Dywedodd yn un o'i gerddi mai'r hyn roedd yn rhaid ei wneud oedd:

cythru hen draddodiad a'i ddadberfeddu,
ei greu o'r newydd â dagrau a llawenydd
yn straeon a chaneuon, hwiangerddi a dawns
cariadon: yn gafael yn ei gilydd a'r golau'n diffodd.[18]

Dim ond un sy'n perthyn i'r hen draddodiad ac yn ddiogel ei le ynddo fyddai'n ddigon dewr i ddweud a gwneud felly.

Ar yr ochr arall wedyn, fel pob bardd wedi'r Ail Ryfel Byd y tu allan i sir Feirionnydd, roedd Iwan yn perthyn i'r diwylliant Eingl-Americanaidd. Drwy'r radio a'r jiwc-bocs y daeth yr haint yn benna, mae'n debyg: y Beatles i ddechrau, ac wedyn Bob Dylan a'r Rolling Stones, a Leonard Cohen a Bruce Springsteen a Tom Waits a llawer o rai eraill rhyngddyn nhw. Cyfieithiad ydi teitl y gerdd gynnar 'Pedair awr ar hugain o Tulsa' o deitl *hit* Gene Pitney, '24 Hours From Tulsa'.[19] Yn 1963 y rhyddhawyd y gân; y flwyddyn honno hefyd y bu'r 'eira mawr' mae Iwan â cho' plentyn amdano (pennill 2), rhyddhau 'She Loves You' gan y Beatles ac Argyfwng Taflegrau Cuba (pennill 3), a lladd Kennedy yn Dallas (pennill 4). Hogyn bach chwe blwydd oed oedd Iwan yn 1963:

fel alaw led-gyfarwydd hen gân
ar ymylon y cof mae'r cyfan.[20]

Rhaid gwrando ar y gân i ddeall sut mae Iwan yn defnyddio'i thema – digwyddiad y tu hwnt i reolaeth teithiwr yn newid cyfeiriad ei daith – i sôn am ddylanwad digwyddiadau ymhell y tu hwnt i Gymru arno fo a'i genhedlaeth: 'yr eiliadau a darfodd ar y daith.' Delwedd gwbwl wahanol sy'n agor ac yn cloi'r gerdd, sef gwaith celf plant yn diflannu oddi ar y papur mewn cawod o law. Rhaid 'datrys y lliwiau / cyn eu colli am byth i'r llaid.' Rhaid gwneud synnwyr o'r pethau hyn yn ddyn cyn i brofiad hogyn bach yn Nyffryn Conwy ohonyn nhw fynd dros go'.

Sylwch, gyda llaw, pa fath o gerdd a ddewisodd Iwan i fod nesa at hon yn y gyfrol: '11.12.82', cerdd am gyfarfod digalon yng Nghilmeri adeg cofio saith ganmlwyddiant ei ladd, cerdd yn codi o ganol un y traddodiad Cymraeg (gyda thro Llwydaidd eto yn ei chynffon). A dyna ddwy ochr awen Iwan yn gorwedd law yn llaw. Weithiau, mi ddaw cyfeiriadaeth o'r ddwy ochr at ei gilydd yn yr un gerdd. Yn 'Harley Davidson', mae'n disgrifio 'llond ffatri o ddynion a merched blinedig' yn gwneud y moto-beics chwedlonol ac

> yn gwylio'n chwerw a chwilfrydig
> wrth i ni,
> y twristiaid dillad haf,
> ddod i chwilio'r freuddwyd.[21]

Ac mae'n eu gweld nhw yn debyg i 'gofis dre' saith gan mlynedd yn ôl

> yn crymu dan bwysau meini'r Sais,
> yn ail-drefnu sbwriel llys Llywelyn,

i'w codi'n gaer yn Arfon,
er mwyn i ni heddiw
farchnata adfeilion eu llafur.

Mae'r gymhariaeth fel y mae hi yn drawiadol iawn, ond mae'r hyn mae Iwan yn ei wneud â hi wedyn fel hud a lledrith: rhyw dro noddweddiadol eto i'r dweud, ac wedyn plethu'r gyfeiriadaeth Americanaidd a Chymreig yn un ddelwedd odidog ar y diwedd; mae'r gweithwyr

yn fudur gan olew a saim a siomiant,
a syrffed y llinell gynhyrchu,
ac eto'n hanner balch, hanner bodlon
wrth weld yr olwynion yn troi,
yn troi'r ffantasi'n ffaith:

wrth weld y freuddwyd yn cludo
un cwsmer hapus arall
i hollti'r gwynt
ar Harley Davidson dros Bont y Porth Aur.

A dyna fynd â ni drwy Borth yr Aur yng Nghaernarfon, a thros y Golden Gate Bridge yn San Francisco, yr un pryd, fel taflunio dwy ffilm ar ben ei gilydd.

Tra mae Iwan yn hepian ar yr *autobus* o Albertville yn Ffrainc mae Bob Dylan (Zimmerman) yn dod ato, a'i lygaid yn las, nid fel awyr y Midwest, ond fel 'Porth Swtan ym Mai'.[22] 'Pa mor ryfedd bynnag', meddai Bob, 'dychmyga, fe'i cei.' A dyna Iwan yn gweld rhes o weledigaethau (yn debyg iawn i Bob Dylan mewn cân fel 'A Hard Rain's a-Gonna Fall'), nes gweld '[m]eddwyn ar dŵr uchel yn gweiddi, "Dacw hi'n torri!"' Does neb yn clywed cri'r meddwyn yng nghanol y miri, na'r moryn mawr sy'n dod wedyn. Ond (a dyma Iwan yn rhoi tro i bethau eto) gwaredigaeth o don ydi hon, yn 'chwalu waliau', yn 'boddi'r anialwch â môr o gusanau', yn 'troi'r diffeithwch yn 'werddon'. Mae lle i gredu mai Iwan ei hun ydi'r 'meddwyn ar y tŵr', fel y cawn weld eto. Y pwynt yn y fan hyn ydi mai delwedd o chwedloniaeth Cymru ydi penllanw'r gerdd, yn Cymreigio'r oll o'i chwmpas. Pan ddaw Bob Dylan yn ei ôl, mae o'n cymryd lle Twmi yn y llinellau o waith Nantlais roedd Iwan mor hoff o'u dyfynnu:

ac wrth i'r teid ddod miwn, ar anterth y llanw,
'rhywbeth fel'na yw bywyd,' meddai Zimmerman.

Mae dyfynnu neu led-ddyfynnu cyfeiriadol felly ym mhobman yng ngwaith Iwan. Mae ganddo gerdd arall am foto-beic Harley Davidson, 'Fel Jack Nicholson':

'Dwi isio rhuo i ffwrdd ar Harley-Davidson efo ti
yn gafael fel gelen am fy nghanol i.[23]

Mae'r is-deitl, '(ar ôl Bruce Springsteen)', yn cydnabod dylanwad y gân 'Born to Run'. Gwgliwch y geiriau! Rhyw how-ddyfynnu mae Iwan yn ei ail bennill:

'dwi isio clymu dy goesau am y peiriant yn dynn.

Ond cyfeiriad ydi teitl y gerdd at y ffilm enwog *Easy Rider* (1969), hanes dau feiciwr o hipi ar daith fawr ar draws America. Nid un o'r ddau hynny ydi cymeriad Jack Nicholson, chwaith, ond twrnai hawliau sifil meddw iawn sy'n penderfynu ymuno â nhw, yn teithio ar gefn beic un o'r ddau hipi, ac yn diodde rhagfarn a chasineb yr un fath â nhw ar hyd y ffordd, nes dweud: 'Oh, yeah, they're gonna talk to you, and talk to you, and talk to you about individual freedom. But they see a free individual, it's gonna scare 'em.'

Sgrifennodd Iwan 'Sgrifen yn y tywod' yn ystod Rhyfel y Gwlff yn 1991.[24] Mae hon ar ffurf cân gyda chytgan, ac yn ddiweddarach rhyddhawyd hi yn gân gan Geraint Løvgreen ar albym amlgyfrannog i godi arian i helpu'r ffoaduriaid adeg Rhyfel Irac.[25] Mae'r ymadrodd 'Duw o'n plaid' yn y gytgan bob tro, a chyfeiriad ydi hwnnw at gân wrth-ryfel gan Bob Dylan, 'With God on Our Side'.[26] Yn honno, rhestrir fesul pennill yr holl ryfeloedd y bu'r Americanwyr yn eu hymladd (heblaw hwnnw yn erbyn Lloegr yn y dechrau un): y rhyfeloedd yn erbyn y Brodorion; rhyfel Sbaen ac America; y Rhyfel Byd Cyntaf; yr Ail Ryfel Byd; y Rhyfel Oer – bob tro 'â Duw o'u plaid'.

Mae rhagor! Trosiad ydi'r ymadrodd 'mae 'na aur yn y bryniau' yn y gytgan olaf o'r dywediad fydd yn dod o enau diddannedd hen ewach mewn *western* ar ôl iddo boeri joe o faco budr ar lawr: 'There's gold in them thar hills!' A chyfeiriad ydi 'a phres yn fy nwrn' at deitl y *western* enwog gyda Clint Eastwood, *A Fistful of Dollars*.

Dyna deitl cerdd agoriadol y gyfrol *hanner cant* wedyn: 'Yn gawdel mewn glas'.

> Yn y cordiau agored ar noson hwyr
> mae James Dean ac Elvis,
> Bob, Lenny Bruce a Ginsberg
>
> i gyd unwaith eto
> yn rasio heibio i groesffordd
> America'r pumdegau.[27]

Cyfieithiad ydi'r teitl o deitl cân arall eto gan Bob Dylan, 'Tangled up in Blue'.[28] Anodd i'r cyfarwydd ydi darllen y gerdd heb fod y gân yn rhyw fath o gyfalaw iddi. Mae rhyw ddewiniaeth debyg ar waith yn y gerdd 'Ym Mae Ceredigion':

> a'r gwynt yn codi, a'r tonnau'n cydio,
> a'r cefnffyrdd tua'r de'n disgleirio'n
> gynffonnau o yrwyr mud yn cymudo
> fel llwch y sêr drwy'r t'wllwch i'n twyllo
> fod y lonydd cyfarwydd yn dal yno
> yn rhywle.[29]

Mae'r 'gwynt yn codi' a'r 'cefnffyrdd tua'r de' yn dwyn i gof 'Idiot Wind' Bob Dylan, nes ei bod yn anodd peidio â chlywed honno yn rhywle yn y cefndir.[30]

Dyfynnu at ddiben chydig yn wahanol sydd yn 'Hen gitâr (*All things must pass*)', yr ail gerdd yn *hanner cant*. Does dim dyddiad na blwyddyn o dan hon, ond teitl albym gan George Harrison ydi *All Things Must Pass*, a George Harrison hefyd piau'r gân 'While my Guitar Gently Weeps' mae Iwan yn rhyw how-ddyfynnu ohoni wrth gloi:

hen gitâr yn wylo
yn ddiymgeledd.[31]

Drannoeth marw George Harrison, sef 30 Tachwedd 2001, oedd yr 'hen ddydd Gwener rhyfedd' hwnnw yng Nghricieth. Roedd rhyw ddigwyddiad barddol yn y Marine, ac mae yn rhywle englyn hefyd i Harrison a'r gitâr a wnaed y diwrnod hwnnw, a 'dail llynedd' ac 'wylo yn ddiymgeledd' ynddo.

Ambell waith, rhyw 'hunan-gyfeiriadaeth' sydd gan Iwan, yn debyg i Bob Dylan yn 'Sara'. Mae enghraifft hyfryd yn 'Breuddwydio':

Tywydd da i ddim i weithio,
tywydd breuddwydio
a sgwennu cerddi ar
gefn matiau cwrw
i gariadon na wela' i byth eto.[32]

Dyna ddisgrifio'r rheini wedyn yn llawn hiraeth, a chloi fel hyn:

mewn tafarn dywyll yng Nghaernarfon
'dwi'n gweld y golau yn Far Rockaway.

Breuddwydio am le pell mae Iwan, lle go iawn, lle bu 'sgwrs rhwng cariadon dros goffi cry' ac yn y blaen. Ond effaith yr enw yn y gerdd ydi dwyn i gof holl ddelweddau llachar, carlamus y *gerdd* 'Far Rockaway'[33].

Yn y gerdd 'Bardd', mae Iwan yn defnyddio chwedl Seithennin Feddw i sôn am rwystredigaeth bardd sy'n credu nad oes neb yn gwrando arno. Mae'n ddigon byr i'w dyfynnu yn ei chrynswth:

> O dop ei dŵr
> datganodd Seithennin
> gerdd yn ei gwrw:
>
> ac fel arfer
> ni chynhyrfodd hi
> na'r llwynau na'r llanw.[34]

Ychydig yn nes ymlaen yn y gyfrol mae'r gerdd ryfeddol y cyfeiriwyd ati eisoes, 'Gadael Albertville', a delwedd y meddwyn ar y tŵr eto. Iwan ei hun ydi hwn, mae'n debyg, efallai ar wahanol adegau, yn siarad o safbwynt gwahanol. A dyma fo'n cynnal trafodaeth neu ddadl â fo ei hun rhwng dwy gerdd: dydi barddoniaeth yn dda i ddim, meddai yn 'Bardd', heb fod yn annhebyg i'r hyn mae William Carlos Williams yn ei ddweud yn 'Asphodel, That Greeny Flower',[35] ei bod yn anodd cael hyd i newyddion o bwys i neb mewn cerddi, ond bod dynion yn marw bob dydd oherwydd y diffyg hwnnw. Ond yn 'Gadael Arbertville', nid yw o bwys, meddai, fod cri creadur o fardd heb ei chlywed, mae barddoniaeth yn rym achubol mawr yr un fath.

Gellid amlhau enghreifftiau tan Sul y Pys: Robert Leroy Johnson yn 'Yn gawdel mewn glas' ac 'Ar y groesffordd';[36] Dylan Thomas yn 'Talacharn,'[37] 'Marwnad'[38] a 'Richard

Jenkins';[39] Ceiriog yn 'Soar y Mynydd';[40] y Beibl ym mhob man ... Mae barddoniaeth Iwan, i'r sawl sydd â thrydedd glust, fel petai, i glywed, fel llond coed yn canu o adar. Ond y pwynt pwysig ydi hyn: hyd yn oed i'r sawl nad ydi o'n clywed yr adar i gyd, mae'r coed yn ogoneddus.

'Rhan o ryfeddod barddoni,' meddai Iwan, 'ydi canfod ... delwedd ddiriaethol, weithiau yn gwbl ddamweiniol, weithiau ar ôl myfyrio a phendroni am hydoedd. Ac yna defnyddio delwedd ddiriaethol o'r fath fel allwedd i alluogi'r darllenwr neu'r gwrandawr i ddeall a chydymdeimlo â haenau ystyr a theimlad dyfnach y gerdd.'[41]

Mi aeth Iwan go iawn ar gefn Harley Davidson dros y Golden Gate Bridge yn San Francisco, a bu'n chwilio go iawn am lyffantod ar draffordd wleb hefyd. Ac wrth ddarllen eto yn y gerdd 'Breuddwydio' am yr hogan oedd yn 'gwirioni ar Jerry Garcia', rwy'n meddwl efallai y gwn yn union pa gân oedd ar y tâp ganddi.[42] Arweinydd y band The Grateful Dead oedd Jerry Garcia (bu farw ychydig fisoedd wedi cyfansoddi'r gerdd). Mae'r cliw yn y llinell glo:

'dw i'n gweld y golau yn Far Rockaway.[43]

Yn ôl y chwedl, damwain oedd i Iwan landio yn Far Rockaway. Rhyw fwrdeistref ddiwydiannol ddigon diflas ar gyrion

Efrog Newydd ydi'r lle, yn ôl y sôn. Ond mae'n gweld 'y golau' yno, meddai. Yn y gân 'Scarlet Begonias' gan The Grateful Dead, dywedir y cawn weld y golau weithiau yn y llefydd rhyfeddaf ond inni edrych y ffordd iawn.

Yn y gerdd 'Hen gitâr' wedyn, sydd ar un ystyr, fel y gwelsom, yn deyrnged i George Harrison, mae disgrifiad eitha manwl ynddi o'r tywydd: mae castell Cricieth yn y niwl a'r 'tymhorau wedi drysu';

> ... gloÿnnod byw
> yn deor, a gwynt y dwyrain
> wedi dewis peidio hedfan.[44]

Dyma ichi adroddiad y Met Office am yr union adeg honno yn niwedd Tachwedd 2001:

> The last two days became exceptionally mild, but still mostly cloudy with drizzle at times and quite persistent hill fog. At Colwyn Bay and Hawarden the maximum temperature of 16.9 °C on the 30th broke the UK record for the last day of the month.

Roedd Iwan yn nodi pob diawl o bob dim yn ei lyfr bach du. 'Yn wahanol i nofel neu ddrama,' meddai, 'mae cerdd yn tynnu llun yr eiliad, y foment, ac yn ceisio rhoi i rywun arall ryfeddod neu angerdd y weledigaeth honno.'[45] Rhaid oedd cofnodi manylion yr eiliad cyn iddyn nhw ddechrau mynd dros gof, yn enwau, yn ymadroddion, yn olygfeydd, a hefyd ambell linell neu gynnig cyntaf ar bennill. Pan ddaw llyfrau bach duon Iwan yn 'eiddo cyhoeddus', fel bocs du awyren o dan y môr, daw pob math o dystiolaeth ddiddorol ynghylch cefndir ei gerddi i'r fei. Ond mae gan eraill lyfrau bach ...

Llyfr bach glas o W. H. Smith oedd gen i ar daith efo Iwan yng Nghanada ym Mai 1995. Ar y clawr mae llun hogan ifanc â sbectol dew a phensal y tu ôl i'w chlust, yn debyg i'r math o ysgrifenyddes ers talwm y byddai ei gwallt yn disgyn yn un rhaeadr ogoneddus am ei sgwyddau y munud y byddai'n tynnu'r sbectol. Bedyddiwyd y llyfr ar yr awyren yn 'Gwyllt yn y Gwely'. Ac mae'r cofnodion ynddo yn aml yn cadarnhau yn annibynnol mai 'delweddau diriaethol' sydd yn y cerddi wnaeth Iwan adeg hynny.

'Gwyllt yn y Gwely':

Yn nhŷ'r Indianes – 'Golff Course View'! Enwau o'r Tiroedd Cadw: 'Flying Dust', 'Star Blanket' ... Enw ei thaid: 'Thunderchild' ... Ei henw hi: 'Gweithred Arth yn Amddiffyn ei Chywion' ...

'Wanaskewin ... Efo Lynda + Jacob i'r 'Parc Etifeddiaeth' ... Lynda: 'I steal berries and I tell the truth' ...

Dydw i ddim yn credu i Iwan sgrifennu am Jacob (neu, a rhoi ei enw brodorol, Dyn sy'n Disgwyl yn y Maes Awyr am Ferched Canol Oed Unig, Del). Ond mi gyfansoddodd gerdd i wyres Mab y Daran, sef 'Chwarae golff (*i Linda, un o lwyth y Cree*)':

Dyma wareiddiad:
cwrs golff ar gyrion Saskatoon
a'r paith wedi'i gaethiwo
i'n gwasanaethu ...

roedd dy enw'n addas –
roedd ystum arth
yn gwarchod ei ch'nawon
yn dy ofid di ...

fe ei allan –
tresbasu ar y cwrs golff,
dwyn aeron.[46]

'Gwyllt yn y Gwely':

Hillview Farm ... Cwrw a [*gair anodd ei ddarllen*] o amgylch y tân ... Oer iawn. Allan ar y paith at y cerrig i orwedd ... Trên yn nadu, caiotis yn udo, Goleuadau'r Gogledd yn dawnsio ... J.M. yn dweud: "Na fo! Mi fyddwn ni yn ffrindiau am byth rŵan ...' Yn fan hyn bydd hi'n gorwedd yn noeth, meddai ...

Bore trannoeth, yn ôl at y cerrig yn yr haul. Chwedlau: Pwyll a ballu. 'Y trên chwarter awr o hyd' yn mynd heibio yn y pellter dan nadu ... Yn amser ei thaid, meddai J.M., bydden nhw'n mesur terfynau'r tir drwy glymu hances ar gantel olwyn wagon, a chyfri faint o weithiau roedd yn troi ...

I fyny efo J.M. i ben y bryn lle byddai'r byffalo'n rowlio ... Gwneud 'offrwm' bach ar garreg, yn y man lle mae hi'n bwriadu gwneud 'cylch meddyginiaeth' ...

Ffarwelio yn y crawcwellt wrth y winllan helyg. Crys gwyn ei gŵr yn sychu ...

Bûm yn canu'n iach i ddynes / oedd yn sefyll yn nrws ei chaban blêr / yn dweud ei bod hi'n credu / bod y beirdd yn dod o'r sêr, / a rywle tu draw i'r gorwel, / roedd ei gŵr hi'n plannu pys, / ac wrth y winllan helyg, / roedd y gwynt yn llenwi'i grys ... Fy mendith ar y llwybrau / lle bûm i efo'r glêr / yn y grug a'r crawcwellt ar fy hyd / o dan y gawod sêr.[47]

Bardd o dras Ffrengig o'r enw Jeanne-Marie de Moissac ydi 'J.M'; roedd yn byw yr adeg honno efo'i gŵr tawedog mewn *ranch* dinad-man ym Mryniau'r Eirth, Saskatchewan. Enw'r pentre agosa' ydi Perdue. Mae cerdd Iwan iddi hi, 'Jean-Marie', nesa' at y gerdd i Linda o lwyth y Cree:

> Mae'n gorwedd yn noeth
> ac mae awyr hollweledol y paith
> yn ei harchwilio'n ofalus ...
>
> ... mae'n gorwedd, a dilladau'r gaeaf
> wedi eu diosg yn dwmpath anniben,
>
> yma ac acw:
> mor wahanol i'r cerrig gofalus
> a osodwyd rhyw dro i gyfeirio
>
> rhai a ddaeth yma
> ganrifoedd cyn ei thad a'i thylwyth ...
>
> ac yn y pellter
> mae tractor ei gŵr
> yn torri cwys araf.[48]

Mi sgrifennodd Iwan hefyd faint fynnoch chi o gerddi â'u delweddau a'u cyfeiriadaeth yn olau i bawb. Dyna ddelwedd y trên, er enghraifft, yn 'Chwechawdau',[49] ac mewn cân serch arall hyfryd, 'Roma',[50] y cyfeiriad at ffynnon Trevi, a hen ddefod y cariadon o daflu arian iddi. A chynnil iawn yw'r delweddu yn y cerddi a luniodd Iwan yn Efrog Newydd wedi dymchwel y Ddau Dŵr.[51] Rhyw arddull foel, newyddiadurol, bron, sydd i'r rheini, ac o'r herwydd llais clir Iwan, yn llawn tosturi a chydymdeimlad, sy gryfa.

Ond cyn cloi, dyma droi at un gerdd arall yn y gyfres o gerddi taith Canada sy'n dangos cystal â dim a sgrifennodd Iwan egwyddor y 'darlun diriaethol' a dewiniaeth 'cyfeiriadaeth, delwedd, a gair mwys' ar waith gyda'i gilydd, sef '25th Street Bridge *(Saskatoon)'*.[52] Cymerwn hi fesul pennill (er bod hynny fel cau glöyn byw mewn jar):

> Illegal Jazz Poets
> a'r bont yn siglo, yn gwingo,
> yn chwibanu fel pelicanod meddw,
> neu awel drwy domen esgyrn
> ar lan llyn llonydd.

'Gwyllt yn y Gwely':

> 13.5: Bud's Blues Bar ... Noson 'Illegal Jazz Poets' ...
>
> Pont 25 St. yn **canu** yn y gwynt. Pelicans a thonnau brigwyn ('whitecaps') ar afon Saskatchewan ...
>
> Heddiw i Regina ... Llyn Wascana = 'pentwr o esgyrn' yn Nihiawak [*iaith* y Cree] ...

Iwan:

> trên yn y pellter
> yn ei chychwyn hi am y paith,
> ac omashinahikewak
> yn gusan minlliw o farddoniaeth
> yn dawnsio yn fy nghlustiau.

Clywsom eisoes am y trên yn y pellter. Rhyw frawddeg yn iaith y Cree a nododd Iwan yn ffonetig yn ei lyfr bach du ydi 'omashinahikewak', yn saff ichi. Ond er imi holi, methais gael eglurhad arni. Rwyf yn rhyw amau i Iwan ei sgrifennu'n garbwl, neu ei chodi hi wedyn yn wallus. Tybed nad 'Nehiyawak', sef enw llwyth y Cree ar eu hiaith, ydi'r ail elfen yn iawn? Ta waeth am hynny, gwirioni ar ei sŵn hi wnaeth Iwan, fel y gwnaeth T. H. Parry-Williams ar enw Santa Fe, ac fel y gwnaeth yntau ar enw Far Rockaway.

Iwan:

ac fel plentyn hy,
dwi'n sbecian ar y cymylau'n cenhedlu
yng nghysgod y lleuad:
tri chwmwl bach diniwed
yn llamu'n chwech i ganol y tywyllwch.

'Gwyllt yn y Gwely':

Bud's Bar ... I'r cefn, I. a fi a Jean-Marie a Harriet a Suzanne – y lleuad a'r cwmwl bach a'r 6 chwmwl ...

Awduron eraill oedd Harriet Richards a Suzanne Longbottom (roedd gŵyl lenyddol yn y ddinas). Yn y maes parcio y tu ôl i Bud's Blues Bar, buom yn gwylio cwmwl bach gwyn yn hwylio'n ara' deg tua'r lleuad lawn ac wedyn yn mynd o'r golwg ynddi. Pan ddaeth allan yr ochr draw, roedd hi wedi mynd yn chwe chwmwl. (Pam mae Iwan yn sôn am dri chwmwl yn hytrach nag un? Efallai fod dyblu'n cryfhau delwedd y cenhedlu.) Gofynnodd Harriet am gân – roedd gennym gitâr – ac mi gafodd hon:

> How can I tell Harriet I love her
> With only one full moon above her?
> One cloud went behind the moon to hide,
> And six clouds came out on the other side;
> Small clouds fill the sky tonight.

Iwan:

> mae'r eryrod yn hela
> yn y dyddiau cymylog,
> yn syrffio goleuadau'r gogledd,
> yn hwylio'r nos,
> cyn ymgrymu'n ôl yn wylaidd wrth gau'r llen.

Mi welwyd eryrod ar y daith, ac mae'r eryr yn amlwg iawn yn chwedloniaeth y Brodorion. Ond dydi 'Gwyllt yn y Gwely' yn taflu dim goleuni ar y pennill hwn. Yr unig sôn ynddo am eryr ydi: 'Yn Wanaskewin ... Croes fawr a'i chysgod ar dalcen yr eglwys yn eryr.' Ond tybed nad y beirdd yn perfformio, yn dangos eu gorchest, ydi'r eryrod? Enw'r Brodorion ar rai felly oedd 'Skydancer'.

Iwan:

> ac uwch y mynydd eira
> sy'n gwarchod y llyn
> yn llawn pysgod bychain,
> mae'r eryr a'r lleuad a'r cymylau'n cwrdd,
> yn chwythu cusan i suo'r bont i gysgu.

'Gwyllt yn y Gwely':

Rockies, Alberta ... Eira ac eirth (meddan nhw) ... Llyn
Louise, wedi ei enwi ar ôl merch i Fictoria. Ond enw'r
llyn yn iawn = 'Llyn y Pysgod Bychain'.

Y llyn hwnnw oedd pen y daith. Yn fan'no mae'r
delweddau yn dod at ei gilydd yn swyn i'w yrru'n ôl at yr
hen bont anniddig. Beth ydi ystyr y gerdd? I mi, cerdd ydi
hi am feirdd sydd o ddifri, beirdd sy'n codi gwrychyn ac yn
cynhyrfu'r dyfroedd, a cherdd am farddoni a grym achubol
barddoniaeth. Ei chenadwri ydi: 'Mae pob dim am fod yn
iawn,' chwedl Geraint Jarman, gan ddyfynnu Bob Marley.
Ond wedi agor y jar, mae'r glöyn byw yn hedfan yma ac acw
fel cynt, ac mae ystyr y gerdd yn dibynnu i ba gyfeiriad mae'r
delweddau yn tywys yr unigolyn o ddarllenydd. Fel hyn y
sgrifennodd Iwan am y math yma o farddoni yng ngwaith ei
athro barddol, T. H. Parry-Williams:

Mae'n ein tywys i lawr un llwybr ac yna'n dangos i ni
yn ddisymwth ein bod ar waelod llwybr arall. Ond er
mor amwys weithiau yw ergyd y gerdd, mae ei darllen
wedi cyfoethogi ein gwerthfawrogiad ninnau o gyfoeth a
thriciau bywyd.[53]

Felly Iwan.

T W M   M O R Y S

# Nodiadau

1 Darlith a draddodwyd yn Nhrefan, 9.4.14, i ddau o blant bach oedd yn 'cau cysgu, ac a fu'n llwyddiannus bron yn syth.

2 'Should Lanterns Shine', *Twenty-five Poems,* Dylan Thomas (Dent, 1936), t.34 © The Trustees for the Copyright of Dylan Thomas

3 Sylwch ar farf bigfain y ffaro yn y lluniau: onid pendil y cloc sy gan Dylan yn y ddelwedd? Cymharwch 'the wagging clock' yn 'Especially when the October wind', *18 Poems* (Dent, 1934)

4 'Iawn, gei di ofyn cwestiwn personol', *Dan Ddylanwad,* tt.48–9

5 Gweler 'Pan Awn Ni Heno', *2,* Twm Morys (Cyhoeddiadau Barddas, 2002), t.52

6 'Cyfarwyddyd Newydd', *Barddas,* 99/100 (Gorff./Awst 1985), t.24

7 'O Lŷn i Dywyn ...', *Barddas,* 289 (Awst/Medi/Hydref 2006), t.44

8 Ymryson Prifwyl Dinbych, 2001

9 'Moelni', *Barddas,* 135/137 (Gorff./Awst 1988), t.48

10 'The quality of mercy is not strained. It droppeth as the gentle rain from heaven upon the place by Neath,' meddai rhyw wag ar y pryd.

11 'Cywydd y Barcud', *Cri'r Barcud Coch/Cry of the Red Kite,* t.20

12 Gweler o dan 'Builth , Or Llanvair-yn-Muallt, *Topographical Dictionary of Wales* (Lewis, 1888); cyf. 1, t.138

13 'Anadl Llywelyn', *Be 'di Blwyddyn Rhwng Ffrindia?,* t.78

14 'Aneirin', *Dan Anesthetig,* t.22

15 'Catraeth', *Be 'di Blwyddyn Rhwng Ffrindia?',* t.191

16 'Bŵt y Car', *Barddas,* 246 (Mai/Mehefin 1998), t.13

17 'Gorau awen heb fratiaith?', *Barddas,* 255 (Tachwedd/Rhagfyr 1999/Ionawr 2000), t.29 (Trafodaeth yng Nghynhadledd yr Academi yn Ninbych-y-pysgod, Medi 1999)

18 'Diffinio', *Dan fy Ngwynt,* t.48

19 *youtube:* '24 Hours From Tulsa', Gene Pitney

20 'Pedair awr ar hugain o Tulsa', *Dan Anesthetig,* t.7

21 'Harley Davidson', *Dan Ddylanwad,* t.28

22 'Gadael Albertville', *Dan fy Ngwynt,* t.48

23 'Fel Jack Nicholson', *Dan fy Ngwynt,* t.19

24 'Sgrifen yn y tywod', *Sbectol Inc, Casgliad o Gerddi,* gol. Eleri Ellis Jones (Y Lolfa, 1995), t.122

25 *Clyw Leisiau'r Plant,* Amrywiol Artistiaid (Crai, 2003)

26 *The Times They are A-Changing,* Bob Dylan (Columbia, 1964)

27 'Yn gawdel mewn glas', *hanner cant,* t.8

28 *Blood On The Tracks,* Bob Dylan (Columbia, 1974)

29 'Ym Mae Ceredigion', *Be 'di Blwyddyn Rhwng Ffrindia?,* t.34

30 *Blood On The Tracks,* Bob Dylan

31 Hen gitâr', *hanner cant,* t.12

32 'Breuddwydio', *Be 'di Blwyddyn Rhwng Ffrindia?,* t.55

33 'Far Rockaway', *Dan Ddylanwad,* t.17

34 'Bardd', *Dan fy Ngwynt*, t.38

35 'Asphodel, That Greeny Flower', *Pictures from Brueghel and other Poems* (MacGibbon & Kee, 1963), t.53

36 'Ar y groesffordd', *Cerddi Canada, Dan Ddylanwad*, t.69

37 'Talacharn', *Cerddi Cymru, Dan Ddylanwad*, t.118

38 'Marwnad', *hanner cant*, t.101

39 'Richard Jenkins', *Dan Anesthetig*, t.25

40 'Soar y Mynydd', *Sonedau Pnawn Sul*, t.7

41 'Gorau awen heb fratiaith?', *Barddas*, 255, t.29

42 *From the Mars Hotel*, Grateful Dead (Grateful Dead Records, 1974)

43 'Breuddwydio', *Be 'di Blwyddyn Rhwng Ffrindia?*, t.55

44 'Hen gitâr,' *hanner cant*, t.12

45 'Gorau awen heb fratiaith', *Barddas*, 255, t.29

46 'Chwarae golff', *Cerddi Canada, Dan Ddylanwad*, t.63

47 Drafft o 'Fy Mendith ar y Llwybrau', Bob Delyn

48 'Jean-Marie', *Cerddi Canada, Dan Ddylanwad*, tt.65–6

49 'Chwechawdau', *Dan Anesthetig*, t.37

50 'Roma', *Dan Anesthetig*, t.41

51 Ar gyfer y gyfrol *Hon, Ynys y Galon*, Iwan Bala (Gomer, 2007)

52 '25th Street Bridge (*Saskatoon*)', *Cerddi Canada, Dan Ddylanwad*, t.71

53 'Gorau awen heb fratiaith?', *Barddas*, 255, t.29

TWM MORYS

'Rhywle o hyd
lawr y lôn'

# ATGOFION

# YNYS

# GWALES

*Iwan Bala*

Hyd at chwarter olaf y ganrif ddiwethaf, roedd beirdd ac artistiaid Cymru yn byw i raddau helaeth mewn bydoedd ar wahân. Mae hyn wedi newid erbyn heddiw, ac roedd Iwan Llwyd yn un o'r ffigyrau canolog yn y newidiadau hyn.

Pan oeddwn yn blentyn, fy mreuddwyd oedd bod yn 'artist'. Pa fath o artist, doedd dim syniad gennyf. Y modelau i mi yng Nghymru ar y pryd oedd Kyffin Williams ac Ifor Owen, ac rwy'n cofio syllu ar glawr *Un Nos Ola Leuad* ymhell cyn i mi ddarllen y nofel wefreiddiol gan Caradog Prichard, oherwydd roedd rhywbeth am y dyluniad yn apelio ataf. I mi, dyna'r darn gorau sydd o waith Kyffin. Ifor Owen wedyn yn cyplysu gair a delwedd mewn comics Cymraeg ac mewn ysgythriadau pren i harddu llyfrau barddoniaeth a llenyddiaeth. Mae'n bosib fod hyn wedi creu yn fy meddwl y cysylltiad rhwng celf weledol a llenyddiaeth. Roeddwn yn ymdrochi mewn llyfrau, Cymraeg a Saesneg, ac yna'n creu byd cyfatebol o'm gwneuthuriad fy hun, mewn delwedd. Doedd gennyf ddim chwant i farddoni, ond roedd gennyf ryw sgiliau i 'dynnu llun', a bu hyn yn rhywbeth parhaol drwy fy mywyd.

Wnes i erioed weld fy hun fel bardd, rhywbeth aruchel iawn yn fy meddwl i, er imi dyfu i fyny mewn ardal oedd yn frith o feirdd. Mae rhyw ddelwedd yn fy meddwl o ffotograff du a gwyn lle rwyf i (yn blentyn ifanc) yn eistedd yng nghôl Llwyd o'r Bryn. Digwyddodd hyn, mae'n debyg, pan oeddwn tua phedair oed, ond does dim llun o'r fath yn bodoli, a dydw i ddim yn siŵr a yw'n atgof go iawn ynteu'n atgof a luniais allan o straeon a glywais gan fy rhieni. Mewn ffordd, mae barddoniaeth Gymraeg yn rhyw fath o gefndir i'm holl fywyd, er na wnes ei chofleidio felly mewn ffordd gynhyrchiol. Pan ddois i adnabod Iwan Llwyd, cefais y wefr o wybod fy mod yng nghwmni bardd, ac y medrwn gyfathrebu ag ef, a rhannu syniadau ar draws y ddwy ddisgyblaeth greadigol, y farddonol a'r weledol. Roeddem o'r un genhedlaeth, gyda'r un daliadau, a gyda'r dyhead i weld Cymru fel lle oedd ar flaen y gad yn ei chelfyddydau, yn rhan o'r byd ôl-fodern ac ôl-drefedigaethol.

Fe fyddwn i'n dadlau nad yw celf weledol yn ddibynnol ar weledigaeth unigolyn yn slafio yn ei stiwdio dlawd â rhyw obsesiwn mewnblyg. Dyna mae'r fytholeg yn ei ddweud, wrth gwrs, ers y Cyfnod Modern, gan fynnu, wrth sôn am Van Gogh, Picasso a'r lleill, mai gweledigaeth hollol bersonol, unigol sydd yn rhoi genedigaeth wyrthiol yw delweddau. Gallwn brofi nad yw hyn yn wir, fod ysbrydoliaeth yn dod o weld gwaith artistiaid eraill. Pwysig iawn i ddatblygiad Picasso, er enghraifft, oedd gweld gwaith 'cyntefig' (fel y'i gelwid bryd hynny) o Affrica yn y Musée d'Ethnographie du Trocadéro ym Mharis, yn ogystal â gwaith yr oesoedd cynnar o'i gynefin ei hun yn Iberia.

Mae llawer o artistiaid eraill yn dod o hyd i ysbrydoliaeth yng ngwaith beirdd, llenorion, cerddorion a damcaniaethwyr, fel y Cymro Ceri Richards, a seiliodd nifer helaeth o'i weithiau ar farddoniaeth Dylan Thomas. Dyfnhawyd y traddodiad hwn i artistiaid Cymreig oherwydd dylanwad yr arlunydd, y bardd a'r awdur o dras Cymreig, David Jones, a'i ddiddordeb yn nhraddodiad Arthuraidd y Mabinogi.

Erbyn heddiw mae artistiaid yn darganfod syniadau mewn meysydd fel anthropoleg, archaeoleg, ffiseg, seryddiaeth, cyfryngau digidol, materion amgylcheddol, gwleidyddiaeth a meddygaeth. Ymddengys nad oes ffiniau mwyach.

Dylanwad mawr arall ar waith artist yw'r weithred o gyd-greu, cydweithio â phobl greadigol mewn meysydd eraill. I wneud hyn mae'n help mawr os yw'r person 'arall' yn y berthynas o'r un anian, yn rhannu yr un syniadaeth am fywyd.

Dechreuodd fy mherthynas gydag Iwan Llwyd dros beint (sawl peint mae'n eitha tebygol) ym mar y Blingwyr yn Aberystwyth rywbryd yn niwedd y saithdegau; dau Iwan – Iwan Bangor ac Iwan Bala – fuom ni wedi hynny. Buom yn trafod syniadau, hanesion a mytholeg yn eitha cyson dros y blynyddoedd, a dechreusom gydgynhyrchu â'n gilydd pan ddaeth Iwan i weithio yng Nghaerdydd yn niwedd yr wythdegau, a minnau erbyn hynny yn artist 'hunan-gyflogedig', neu, a bod yn fwy cywir, yn byw drwy garedigrwydd y Wladwriaeth. Roedd criw mawr ohonom wedi gadael y coleg celf, ac yn ystyried y dôl fel rhyw fath o fyrsari i'n galluogi i ddal ati i greu ein celf. Bu dadlau ffyrnig ynghylch ceisio gwneud hyn yn bolisi'r llywodraeth; byddai San Steffan yn medru brolio faint o arian roedden nhw'n ei roi at y celfyddydau, tra oedd llawer ohonom hefyd yn arddel rhyw fath o anarchiaeth. Dyma ddyddiau'r mudiad Gweriniaethol Sosialaidd hefyd, bwrlwm o fyd bohemaidd, creadigol, gwleidyddol a meddw, mewn dinas a oedd megis dechrau newid ei gwedd. Roedd olion y byd diwydiannol, a'r byd cymdeithasol oedd yn deillio o'r cyfnod, yn dal i fodoli yn y tafarndai a'r clybiau i lawr yn y 'Docs' (nid 'Y Bae' oedd hi bryd hynny, ac nid 'Tiger Bay' chwaith).

Bu Iwan a minnau yn cadw cwmni i'n gilydd aml i dro ar deithiau 'ymchwil' yn y llefydd tanddaearol hyn, ac ambell waith byddem yn mynd 'ar goll' am rai dyddiau. Roedd Iwan

yn medru tynnu mlaen yn dda gyda'r criw amrywiol o gyn-
fyfyrwyr celf, artistiaid a chymeriadau eraill oedd ar y cyrion
yn y byd hwnnw; yn wir, roedd yn ei elfen yn eu plith er
mai chydig o Gymraeg oedd i'w glywed. Efallai ein bod ni'n
dau o'r gogledd yn eitha egsotig ymysg y criw yn yr Old
Arcade, y New Sea Lock, y Greyhound, y Seaman's Mission:
y ddau Iwan, o gefndiroedd parchus, Cymreig (mab y mans,
a mab prifathro) a'u byd o ddeuoliaeth. A thra oedd hyn yn

digwydd, byddem yn parhau ein trafodaeth ar y Mabinogi, a'i berthnasedd i'r byd cyfoes roeddem ynghlwm wrtho.

Y tro cyntaf i mi weithio gydag Iwan oedd ar y gyfrol *Dan Anesthetig* a gyhoeddwyd yn gynnar yn 1987 (Gwasg Taf, Caerdydd). Mae Iwan yn cyflwyno'r llyfr i'w wraig, Nia, a fu, fel mae'n digwydd, yn mynychu'r un ysgol gynradd â mi yng Ngwyddelwern, lle roedd fy nhad yn brifathro. Nia Maerdybach oedd hi i mi.

Gwasg Taf, 1987

Mae'r hanner cant o gerddi yn y gyfrol wedi eu cyfansoddi rhwng 1982 ac 1986, sef y cyfnod y soniais amdano uchod. Roedd deuddeg darlun pen ac inc ynddo i gyd-fynd â cherddi penodol. Cymysgedd o ddelweddau ydynt, rhai'n darlunio'r themâu sydd yn y cerddi ac eraill yn fwy o ddilyniant o'm gwaith i fy hun ar y pryd, ond a oedd, yn ein tyb ni ein dau, yn gweddu i'r cerddi oedd wedi eu cysylltu â hwy. Mae'r gerdd olaf yn y llyfr, er enghraifft, 'Y diwedd', yn trafod colli ieuenctid, ac i gyd-fynd â hi fe wnes fersiwn o hunanbortread y bûm yn ei beintio mewn olew sawl gwaith yn y cyfnod hwn. Yr artist â'i getyn a'i het, ei fwstás a'i sbectol fach gron, yn synfyfyrio dan olau lleuad, ac yn teimlo emosiynau tebyg i'r bardd pan ddywed:

Daeth diwedd ieuenctid
yn ddisymwth o sydyn un nos
a gadael twll yn y cylla
fel colli cariad.

Mae clawr melyn y gyfrol wedi ei addurno â darlun brwsh ac inc syml yn dangos merch yn 'jyglo' gyda chorff gwrywaidd yn yr awyr uwch ei phen. Mae hi'n edrych yn ddi-hid ond mae ef fel pe bai'n mwynhau cael ei daflu i'r awyr, yn chwerthin drwy'r profiad o fod yn rhan o gêm rywiol a rhamantaidd. Amser felly oedd hi.

Cefais fwynhad o greu llun i gyd-fynd â'r gerdd 'Barddoni (yn Gymraeg)' sydd yn agor y gyfrol, a'r cwestiwn:

Ydi o fel bod mewn pub yn Llundan?
Ydi o?
Y siarad unig â thi dy hunan
a neb yn gwrando.

Creais ryw fyd o gymeriadau hunllefus fyddai wedi bod yn gartrefol yn un o luniau dychanol yr artist Almaenaidd Otto Dix. Eistedd y bardd ar ei ben ei hun wrth fwrdd, peint yn ei law, yn adrodd ei eiriau tuag at y nenfwd, a'r geiriau hynny wedyn yn amgylchynu'r ddelwedd gyfan fel ffrâm. Ond mae pawb yn yr ystafell yn brysur yn cymdeithasu gyda'i gilydd, a does neb yn gwrando, neb yn sylwi ar y bardd estron, unig.

Mae'r ddelwedd sydd yn mynd gyda'r gerdd 'Caerdydd 1984' yn crynhoi profiadau byw yn y ddinas bryd hynny efallai: mercheta, a chwympo mewn cariad, a cholli cariad, rhyw hela di-ben-draw am 'yr un'. Myfyrwyr a graddedigion diweddar yn chwilio am y partner perffaith gyda'r gobaith mai hwn neu hon fyddai eu cymar am oes.

Trist braidd yw darllen cerddi fel 'Ar lan afonydd Babylon' rŵan, cerdd sydd yn dechrau â'r geiriau;

> 'Gad imi farw cyn mynd yn hen'
> oedd slogan y chwedegau,
> a saethodd Sid a'r pyncs eu hunain
> rhag deffro o'r freuddwyd:
>
> ond tynghedwyd y rhan fwyaf ohonom
> i ddod adre o'r frwydr
> a thorri'n calon mewn henaint a hiraeth
> ar lan afonydd Babylon.

I gyd-fynd â'r gerdd hon mae darlun brwsh ac inc reit amrwd o ddyn ar ei liniau gyda dyn arall yn dal dryll wrth ei ben; mae ysgol yn y cefndir, symbol o fywyd yr oeddwn yn hoff o'i defnyddio ar y pryd, a honno'n arwain, fel ysgol Jacob gynt, tua'r nen.

A ddaeth Iwan adre o'r frwydr, tybed? Ni chyrhaeddodd henaint, mae hynny'n sicr, ond mae 'hiraeth' o ryw fath yn treiddio hyd yn oed drwy'r cerddi cynnar sydd yn y gyfrol hon. Ai torri calon mewn henaint a hiraeth yw'r unig ganlyniad i fywyd?

Yn ei ddiolchiadau ar ddechrau'r gyfrol mae Iwan yn sôn am fy 'nghydweithrediad parod ac am y seiadau difyr dros ginio yng Ngŵyr'. Nid at Benrhyn Gŵyr mae'n cyfeirio yma, ond at dafarn y Gower oedd yn agos at y swyddfa yn Cathays lle roedd Iwan yn gweithio ar y pryd, ac fel arfer hylif oedd y 'cinio'. Cofiaf ein bod wedi bod am 'ginio' adeg tynnu'r lluniau ohonom sydd ar gefn y llyfr, a bu'n rhaid i mi yrru fy Morris Traveller yn ôl i Bontcanna drwy eira mawr oedd wedi disgyn ar strydoedd y ddinas.

Ar gefn y gyfrol mae Iwan yn gwneud y datganiad hwn:

Yn wyneb y crebachu ar nawdd a diddordeb yn y celfyddydau, mae'n holl bwysig bod gwahanol ganghennau celfyddyd yn cyd-blethu er cryfhau ei gilydd. Hyderwn bod yr arbrawf hwn ar gyfuno cerdd a llun yn argoel cydweithrediad pellach yn y dyfodol, ac y rhydd hynny'n ei dro gryfder, mwynhad ac ysbrydoliaeth i feirdd ac arlunwyr eraill.

Yn dilyn cyhoeddi'r gyfrol, fe wnaethom gydweithio (neu gyd-blethu ein crefft, chwedl Iwan) ymhellach drwy gynnal noson o'r enw 'Beirdd ac Artistiaid' yn Oriel Plas Glyn-y-weddw yn ystod wythnos Eisteddfod Genedlaethol Porthmadog yn 1987. Roedd hwnnw yn un o'r digwyddiadau cyntaf o'r fath, yn fy nhyb i, ac yn dod â beirdd ac artistiaid Cymraeg at ei gilydd i greu digwyddiad ac arddangosfa. Roeddem ein dau yn teimlo bod cymaint o bethau – themâu, ymdeimlad gwleidyddol a diwylliannol – yn gyffredin mewn gwaith celf a barddoniaeth nes byddai'n beth od inni beidio â chyfuno ein hymdrechion mewn rhyw ffordd goncrit, mewn digwyddiadau a chyd-weithrediadau.

Ddeng mlynedd yn ddiweddarach, yn 1997, enillais y Fedal Aur am Gelf Gain yn yr Eisteddfod Genedlaethol, yn y Bala, yn briodol iawn. Roedd Robyn Tomos, cyfarwyddwr newydd y babell Gelf a Chrefft (fel roedd hi bryd hynny) wedi sefydlu traddodiad newydd, sef cael bardd i ymateb i weithiau yn yr arddangosfa. Roedd Robyn yn bresennol yn ein 'digwyddiad' yn Eisteddfod Port ddeng mlynedd ynghynt, ac wedi ei ysbrydoli ganddo. Yn y Bala, Iwan Llwyd oedd y bardd, a bu iddo greu cerdd yn seiliedig ar y peintiad canolog yn y casgliad o weithiau oedd gennyf yn yr arddangosfa. Roedd tipyn o ddŵr wedi llifo dan ein pontydd ein dau er y dyddiau yng Nghaerdydd. Roeddwn i wedi gweithio sawl gwaith gyda'r dramodydd Ed Thomas, gan deithio i'r Iwcráin gyda chwmni drama Ed (Y Cwmni) i ffilmio gyda Michael Bayley Hughes. Roeddwn hefyd wedi treulio dau gyfnod estyngedig yn Zimbabwe fel artist preswyl, ac unwaith eto gyda Bayley Hughes bu i ni greu rhaglen ddogfen i S4C. Roeddwn wedi trafaelio i wlad Pwyl i gymryd rhan mewn arddangosfa ryngwladol, lle roedd perfformwyr o Siapan yn cyd-fyw ac yn cydweithio â beirdd bît (Allen Ginsberg ei hun yn un) o'r Unol Daleithiau. Y 'broses' o greu oedd yn bwysig yno, y trafod, y cydweithredu, yr ymdrech i greu, ac nid y diweddglo. Nid creu gwaith ar gyfer y farchnad oedd y pwrpas. Roedd Iwan yntau wedi bod ar sawl taith, yn darllen cerddi ac yn darlledu, a

AWEN IWAN

hefyd, yng nghwmni Twm Morys, wedi ffilmio gyda Bayley Hughes. Roedd ein gorwelion wedi ehangu, a gyda hynny ryw ymwybyddiaeth newydd wedi dod o le ein diwylliant bychan ni yn y byd mawr o'n cwmpas. Ond roeddem yn trafod y Mabinogi o hyd, ac yn gweld eu perthnasedd eto, wrth drafod y byd cyfoes.

A dyma oedd gwraidd y gerdd a sgwennodd Iwan i'r llun *Gwales (Ararat)*, delwedd o ynys ar ffurf fenywaidd yn rhoi genedigaeth i'r dyfodol. Ond gwelodd Iwan yn y darlun gyfeiriad at hen stori Ynys Gwales: difyrrwch difater ac anghofus yn cael ei ddilyn gan dristwch a thorcalon.

### Aberhenfelen

(*i Iwan Bala*)

Mae hi allan acw,
glan na fynnwn ei gweld,
yn cronni gan lanw ein cur a'n hatgofion:

ninnau yng Ngwales
ar arch ein pleserau,
teras tai ein cymdogaeth,

yn rhannu gwledd, rhannu gŵyl,
rhannu eiliad ddiddiwedd
o ryddid ffug:

ar anterth y pleser,
wrth ddod,
mae'r drws yn agor

*Gwales (Ararat),*
cyfrwng cymysg ar gynfas,
1997

a'r dyfroedd yn torri
yn donnau o gof, o gariad,
a chwys a chwerwedd

pob genedigaeth a fu erioed
yn ein golchi tua'r aber,
tua'r dŵr croyw.

Bu rhywfaint o ddifaru, mae'n sicr, am y blynyddoedd coll, afradlon – blynyddoedd yn pasio mewn 'eiliadau o ryddid ffug'. Ond eto, roedd i'r cyfnod hwnnw stwff craidd a ddaeth yn ddefnyddiol yn y creadigrwydd oedd i ddod. Mae'n bosib fod ein traddodiad capelaidd yn ennyn ynom y duedd i weld dameg ym mhopeth (a hefyd i greu teimladau o euogrwydd). Yn sicr, mae stori Ynys Gwales, sydd yn cwmpasu ychydig linellau yn unig o hanes Branwen ferch Llŷr yn y Mabinogi, yn cyfeirio at gyfnod di-ots o fwynhad pur, sydd yn dod i ben yn ddisymwth pan agorir y drws ar Aberhenfelen. Wedyn daw atgof o bopeth erchyll a fu ac o'r dyletswyddau sydd yn ein disgwyl yn y byd go iawn, a derbyn y cyfrifoldeb i weithredu. Cyrraedd canol oed, sydd yn destun yn llawer o gerddi Iwan, 'torri calon mewn henaint a hiraeth' unwaith eto, a'r orfodaeth i roi heibio mwynhad er mwyn derbyn cyfrifoldeb; rhiant yn heneiddio, yn gwaelu ac yn marw; plant yn tyfu ac angen sylw. Fel yn achos y gwŷr yn Ynys Gwales, does dim osgoi cyfrifoldeb am fwy na chyfnod byr, ac yna, er yn gyndyn, rhaid dychwelyd i realaeth. A hyn oll

IWAN BALA

ar anterth y pleser, y farwolaeth fechan yn ein bwrw yn ôl i'r dydd-i-ddydd, i'r holl anobaith, chwerwder a thristwch; i *stress* bywyd fel ag y mae.

Daeth datblygiad arall yn ein cysyniad parhaus am Ynys Gwales, un a oedd yn rhoi cyd-destun hollol gyfoes i'r stori ac a wnaeth esgor ar gyfrol newydd o waith. Yr achlysur oedd taith i Syracuse yn yr Unol Daleithiau yn 2002 yng nghwmni Twm Morys ac eraill i gymryd rhan mewn cynhadledd ar hanes a diwylliant Cymru. Ar y ffordd yn ôl i Walia, dyna gymryd hoe yn Efrog Newydd, Ynys Manhattan, a hyn tua blwyddyn wedi'r digwyddiad trawsnewidiol a ddrylliodd y freuddwyd am dra-arglwyddiaeth yr Amerig. Daethom i weld tebygrwydd rhwng y sefyllfa ar Ynys Manhattan a'r un ar Ynys Gwales, y cyfnod pleserus, di-hid wedi dod i ben, a holl arswyd y byd wedi rhuthro drwy'r drws a agorwyd ar 11 Medi 2001. Cynnyrch y meddyliau hyn oedd y gyfrol *Hon, Ynys y Galon* (Gwasg Gomer, 2007). Yn y llyfr mae ysgrif a nifer o gerddi gan Iwan Llwyd gyda delweddau o'm gwaith i. Er mai un o sawl awdur a gyfrannodd i'r llyfr oedd Iwan, drwy siarad gydag ef y daeth y prosiect i fodolaeth, a'i ysgrif ef a'r cerddi a sgwennodd yn sgil ei ymweliad â safle'r ddau dŵr sydd yn rhoi i'r llyfr ei galon:

Ar Fedi'r 11eg, agorwyd y drws. Roedd y byd mawr cas tu allan wedi tarfu ar ynys fawr fodlon America. Boddwyd alawon peraidd adar Rhiannon gan dwrw'r tyrau'n disgyn.

Yn nhafarn yr Orange Bear Bar, a oedd yn dal i sefyll ar gyrion y 'twll', roedd Eleni, 'y ferch fronnog, luniaidd' y tu ôl i'r bar, yn gweini diodydd cryf i'r gweithwyr blinedig a oedd yn ceisio clirio'r safle ar ôl y dinistr. Disgrifia Iwan y sefyllfa ar y diwrnod chwilboeth hwnnw yn ei ysgrif 'Wythnos yng Ngwales'. Bu i Iwan gael ymgom gyda rhai o'r gweithwyr, er eu bod yn gyndyn i siarad. Pan ofynnodd iddynt sut oeddent yn teimlo am yr holl beth, 'we're all fucked up' oedd yr ateb. Roedd nifer ohonynt wedi bod yn gweithio ar godi'r 'Twin Towers', a dyma nhw yn ôl rŵan i glirio'r sbwriel; 'transit work', fel y galwent ef. Canlyniad y profiad hwn oedd y gerdd 'In transit':

### In transit
(*i Iwan Bala*)

(*'Nothing's going on,
just a little transit work, that's all'*)

Byddin o dorwyr beddau
'n dod, fesul un a dau,
i ogle'r Orange Bear Bar
a chroeso'r cinio cynnar:
dod o'r gwres i gynhesu
a sôn am y pethau sy
'n aros, eiliadau gwirion,
yn rhywle o hyd lawr y lôn:

fe fuon nhw, aeafau'n ôl,
â'u hafiaith gyfalafol,

yn adeiladu'n union
risie'r sêr o'r ddinas hon,
a'u gorchest yn ymestyn
yn weddi aur at Dduw ei hun:
rhyfyg yn herio crefydd,
adar ewn y farchnad rydd:

daeth adar o le arall,
o fôr y de ar fore dall,
a fflam wen eu hadenydd
yn ffrwydriad ar doriad dydd;
ffenestri'n hollti'n yr haul,
malurio'r temlau araul;
dwy ddelw'n lludw, a llwch
dial yn llenwi'r düwch:

mae'r llwch yn nhymer y lle,
a'i ogle'n cleisio'r gwagle:
ar ôl hwrlibwrli'r bar,
y golau 'nghorneli galar,
â'r gwŷr yn ôl tua'r gwaith,
yn ôl at y twll eilwaith,
yn ôl, dan eu hetiau caled,
i gloddio a choncritio Cred.

Yn y gerdd yma eto mae'r teimlad o hiraeth am a fu, 'sôn
am y pethau sy'n / aros, eiliadau gwirion, / yn rhywle o hyd
lawr y lôn', yn union fel yr amser a dreuliwyd yng Ngwales.
Am chydig bach o amser, yr Orange Bear Bar oedd Gwales,
a Gwales oedd yr Orange Bear Bar, ac Eleni oedd adar
Rhiannon.

*Stad y Chwarae,*
cyfrwng cymysg ar bapur,
2001–2

'Un frân o ddifri o hyd'

# 'UN FRÂN

# O DDIFRI

# O HYD'

*Myrddin ap Dafydd*

Unwaith daeth 'deryn unig
â baich o ddail yn ei big
ar daith.[1]

Dyna linellau cyntaf cywydd Iwan Llwyd, 'Aderyn Diarth'.
Deryn diarth a deryn brith – mae cymeriadau o'r fath
yn wincio arnoch chi'n gyson yng nghilfachau cerddi a
chaneuon Iwan. Mae hynny'n wir am adar pluog go iawn
hefyd. Nid diddordeb mewn byd natur yn unig oedd hynny ac
nid cysylltiadau delweddol yr adar oedd eu hunig ddefnydd
iddo fel bardd, chwaith, fel yr adlais o golomen Arch Noa yn
y dyfyniad yna. Yn ei gerdd 'Adar' (heb ei chyhoeddi hyd yn
hyn) mae'n ymhyfrydu yn y seiniau a'r lluniau sydd mewn
enwau adar a blodau. Rhegen yr ŷd sy'n dweud y geiriau hyn:

'Esgusodwch fi, gyfaill, ond a glywsoch chi sôn
am y blodau sy'n lliwio cors fechan ym Môn?'

'Glas y gors, pryfed cwcw a thafod yr ŵydd,
cnau daear, blodau menyn a'r rhosyn pen-blwydd;
pys y coed, gwallt y Forwyn a'r sosban fach ddu
tegeirian brith y rhos, a mwsog mam-gu.'

Mae'r 'enwau'n ei ben / fel sêr môr y de, / yn ei arwain yn hurtyn / o le i le', fel y dywedodd mewn cerdd arall.[2]

Mae llawer o adar yn ymddangos yn gyson yn ei gerddi – gwylan, tylluan, barcud, eryr, deryn du, drudwen, hebog, pioden, gwennol, sigl-di-gwt, crëyr, y gog, bronfraith, gwalch, colomen, aderyn y to, boda. Mae hen berthynas rhwng beirdd ac adar – Williams Parry a'i dylluanod, Dafydd ap Gwilym a'i bioden, ac mae beirdd yn benthyca'u henwau weithiau. Galwyd Llywelyn ab y Moel yn 'Bronfraith Owain' ac yn y *Bywgraffiadur* mae ganddoch chi enwau barddol fel 'Eos Glan Twrch', 'Dryw Bach' ac 'Ehedydd Iâl'. Anodd dychmygu Iwan yn dewis enw barddol fel 'Mwyalchen Menai' neu 'Telorydd Tal-y-bont'. Byddai 'Brân Urien' yn nes ati efallai.

Ar ei deithiau, mae'n sylwi ar y brain yn aml. Wrth Glawdd Offa mae'r brain yn pigo sgerbwd dafad; mae yna un arall wrth Lyn Clywedog; mae nifer ohonyn nhw'n dwrdio ym Mhorth-gain, ac mae un arall eto fyth ar gomin Abergwesyn – 'un frân o ddifri o hyd'.

Brân – cymeriad doeth, dwyfol y chwedlau; brân – a'r plu glasddu, sgleiniog; yr adar hael oedd yn porthi'r proffwyd Eleias ar lan afon Cerith; brân ar arfbais brenhinoedd a rhyfelwyr; brân ar ysgwydd y rhyfelwr Gwyddelig Cú Chulainn wrth iddo farw, a'r cigfrain hefyd sy'n gwarchod y Gwynfryn yn Llundain. Ond mae blerwch yn perthyn i frain yn ogystal – chwalfa o blu wrth hedfan, crac yn y llais wrth draethu a'r nyth mwyaf di-siâp ohonyn nhw i gyd.

Y brain uwch y cynhaeaf sy'n darogan gwae yn llun Van Goch o gae ŷd, a chrawc, nid cân, sydd gan y frân – dyna sgriffiniad annifyr ar y clyw yng ngherdd T. H. Parry-Williams: 'Fe ddaw crawc y gigfran o glogwyn y Pendist Mawr'. Does dim yn fwy cras ar ddiwedd pnawn tywyll o Dachwedd na chlywed brain y plwyf yn cecran wrth hel i glwydo ar ganghennau noeth uwch hen fynwent.

Eto, codi'n calonnau ac edrych ymlaen at haf braf y byddwn ni ym mis Mawrth wrth sylwi ar nythod blêr y brain – 'mae'r brain yn nythu'n uchel 'leni'. Mae'r ddrycin a'r haf hirfelyn yn perthyn i'r un aderyn.

Rwy'n siŵr bod Iwan, fel finnau, wedi darllen Chwedlau Aesop yn hogyn. Stori dda ydi honno am y llwynog yn llwyddo i hudo darn o gaws o big y frân drwy ganmol ei harddwch a chymryd arno y byddai clywed y fath aderyn hardd yn canu yn cynhesu'i galon. Brân ffôl, gyda thipyn o feddwl ohoni ei hun, oedd honno. Ond mae gan Aesop chwedlau eraill am y frân hefyd ac yn y rheiny mae hi'n dipyn doethach na'r wennol fach ymffrostgar. Fel yn ein llên gwerin a'n hen straeon, mae sawl nodwedd yn cydfodoli yng nghymeriadau'r gwahanol frain sy'n codi eu pennau yng ngherddi Iwan. Roedd ffin y cydfodoli, y niwl amwys rhwng dau fyd gwahanol, yn diriogaeth agos at galon Iwan.

★ ★ ★ ★ ★

Yn ogystal â bod yn enw ar aderyn, mae Brân yn gymeriad yn ail gainc y Mabinogi. Bendigeidfran – cawr dwyfol, gwarchodwr ei chwaer, Branwen, pont i'w ddynion, ac wedi'r lladdfa yn Iwerddon, pen Brân yw'r noson lawen i'r seithwyr a dreuliodd bedwar ugain mlynedd yn neuadd y wledd ar Ynys Gwales, tuag wyth milltir oddi wrth arfordir gorllewinol Penfro. Mae'r pen – ar ei ben ei hun – yn chwedleuwr a chwmnïwr difyr. Nid oes neb yn heneiddio yno; nid oes neb yn cofio am ofidiau ddoe. Wedi'r chwalfa fawr, mae'r 'wledd' – y gwmnïaeth a'r straeon, hanesion ddoe a thynnu coes heddiw – yn rhan hanfodol o'r daith i gysuro'r enaid ac i godi'r ysbryd. Yno ar ynys Gwales

> Mae braich i bwyso arni'n
> cadw'r blaidd rhag y drws,
> ffrindiau gorau'n cadw cwmni'n
> boddi brathiad y blws.[3]

Mae Brân y wledd – y cymeriad sy'n difyrru'r cwmni ac yn codi hwyl mewn cyfnod tywyll – yn elfen gyson yng ngherddi a chaneuon Iwan. Ynys Gwales ydi'r Babell Lên a'r Ymryson a'r Steddfod, pan mae hi'n o ddu arnom yn wleidyddol a diwylliannol y tu hwnt i ffiniau'r Maes. Ynys Gwales ydi'r gìg gyda'r band neu'r ymweliad ag ysgol a chael creu cerddi ifanc gyda geiriau Cymraeg.

Rydan ni'n genedl sy'n berchen ar wledd o hanes a threftadaeth. Mae hyn yn arbennig o gryf yn y cerddi roedd Iwan yn eu creu mewn gweithdai mewn ysgolion, fel pe bai cwmni'r plant yn rhoi gwreichionen yn llygad yr hen gigfran:

> mae coron lachar Brân ei hun
> yn nhân y machlud ym Mhen Llŷn ...
>
> mae bwa a saeth Rhys Gethin
> yn y brigau yng Nghoed y Brenin ...
>
> ac yn ogofâu Cwmtydu –
>
> yno mae'r ddraig goch yn cysgu.[4]

Gwales hefyd ydi'r daith yng nghwmni beirdd i neuaddau pentref, clybiau dinesig a stafelloedd cefn tafarnau. Nid y sioe yn unig – y cyflwyno a'r perfformio a gwres yr ymateb – oedd apêl y teithiau hynny. Mi fyddai'r nosweithiau'n ymestyn i'r llety, lle bynnag oedd hwnnw, a hefyd i'r mannau ymweld ar y daith drannoeth ar y ffordd at y perfformiad nesaf.

Aeth Iwan a chriw o feirdd a cherddorion eraill â'u cerddi ar daith 'Cicio Ciwcymbars' drwy Gymru yn 1988. Dull o fynd â barddoniaeth 'i fro arall' ydi taith farddol hefyd – allan o sicrwydd cloriau'r cyfrolau, ymhell o ddiogelwch dosbarth neu goleg, i chwilio am gynulleidfa newydd ac i wynebu ymateb honno:

> Mae beirdd yn bethau rhyfedd. Fe fuon nhw felly erioed. Mewn ambell i gymdeithas o dro i dro fe gânt eu dyrchafu'n dduwiau a derwyddon. Dro arall fe'u herlidir oherwydd eu bod yn dweud y pethe anghywir.[5]

MYRDDIN AP DAFYDD

Gall Gwales olygu taith i diriogaeth newydd, i wlad arall, lle mae cael cwmni dros dro diwylliant gwahanol yn chwa o awyr iach. Bu Iwan yn Dakota, bro llwyth y Crow, lle'r ymladdwyd brwydr Little Big Horn a lle bu cyflafan Wounded Knee, a gwelodd frain wedi eu paentio ar darianau'r Indiaid, yn union fel y gwelodd marwnadwr Urien arfbais y brenin hwnnw: 'ac ar ei fron wen, frân ddu.'[6] Taith i le gwahanol i ddychwelyd at hen hanfod ydi'r teithiau tramor hefyd. Ymysg y cwmni diarth ar y paith, mae'n canfod llun cyffredin. Ond mae'n gweld gwahaniaethau hefyd. Yn ôl yng Nghymru

> mor unlliw yw patrymau'r winllan
> yr ydym mor daer i'w chadw:
> y du a gwyn, y da a'r drwg
> yn dal i daranu arnom o'r pulpudau ...
>
> ninnau yng nghlydwch y gwersyll
> yn dal i ymolchi'n ddefosiynol,
> yn dal i orymdeithio'n ddefodol,
> yn dal i ddawnsio'n ffurfiol.[7]

Ond yng ngogledd America, mae'n canfod bwrlwm a lliw yn nathliadau'r brodorion, ac mae yntau'n gofyn yn llais yr hogyn bach:

> Ga' i fod yn indian, Mam?
> ga' i wisgo'r plu amryliw
> a dawnsio'n wirion i guriadau'r drwm?[8]

Ond ateb 'Mam' – ateb Cymru, efallai – ydi:

> Bydd dawel a phaid â'th ddwli.

Er bod paratoi ymlaen llaw yn rhan anorfod o fynd o fan i fan a chynnal nosweithiau, doedd taith ry drefnus ddim yn apelio ato:

> Mae'r dref yn hawdd,
> y llyfnder wedi ei gynllunio
> o'r car i'r trên
> i'r awyren sy'n aros:
>
> mynd gyda'r llif.[9]

Gwell oedd ganddo deithio hap a damwain a tharo ar yr annisgwyl:

> allan acw,
> tu hwnt i'r drysau trydan,
> mae ffiniau ac acenion a thiriogaeth
> yn barod i ffrwydro'n ein clustiau.

Profiad ail-law ydi darllen am le arbennig neu weld ffilm o wlad arall. Yn y diwedd, ar ôl gwrando ar straeon gan eraill, rhaid codi oddi wrth fwrdd y wledd ac agor y drws, fel Heilyn yn agor y drws yn y neuadd ar Ynys Gwales a gweld Aberhenfelen a Chernyw, a mentro gwneud y daith ein hunain. Rhaid profi'r ias sydd yn yr enw, teimlo'r lliw sydd yn y llun. Mae hynny'n wir am ddinasoedd a gwledydd tramor ond yr un mor wir am fannau arbennig ar fap ein hanes a'n treftadaeth ninnau. Gellir mynd â chriw o blant ar daith ddychmygol yn y dosbarth a chreu cerdd o atgofion am brofiadau, ond llawer gwell yw gadael yr ysgol ac ymweld â chastell neu blas neu fynachlog neu garchar a chael profiad uniongyrchol o ddarn o hanes. Gorau oll os bydd rhywfaint o'r olion dan ein hewinedd wrth fynd adref – ymddiddorai Iwan yn fawr mewn archaeoleg a chafodd sawl cyfle i arwain criw o blant ac ymuno ag archaeolegwyr fel Kenneth Brassil o'r Amgueddfa Genedlaethol ar safleoedd sy'n agor y porth i'r gorffennol.

Mewn hen olion, hen sylfeini, dim ond darnau sy'n weddill, y 'pethe hynny / a gafodd eu casglu / dros y canrifoedd, / blerwch a sbwriel y blynyddoedd, / esgyrn a bwyelli, / byclau a sgidiau a charnau cleddyfau, / dan gramen o dir, ym mhridd y ddaear.'[10] Ein gwaith, ein dyletswydd a'n braint ni yw baeddu'n dwylo wrth geisio canfod a deall a throsglwyddo'r pethau hyn – 'a'u hanes yn gefn inni'. [11] Ond wrth y gwaith, y mae hefyd ysbrydoliaeth,

> mae angen cloddio,
> ei chodi i'r wyneb,
> nid fel hen grair
> ond fel pair y dadeni,
> yn berwi, yn barod
> i fynd i'r frwydyr.[12]

Gweithiodd Iwan gydag archaeolegwyr ar lan Llyn Alwen yn Uwchaled, ac yno canfu mai:

> darn o gae budr yn y gwyll
> yw ein gorsedd a'n gwersyll.[13]

Wrth i'r drain dagu'r llwybrau, rhaid i ninnau dorchi'n llewys a gwthio'n ffordd drwyddynt i weld yr hyn sy'n cael ei guddio rhagom

> â'r dail a'r gwiail yn gwau'r
> mieri drwy'r tymhorau:
> caru iaith yw hel creithiau.[14]

Yn ôl yng Ngwales y Mabinogi, mae Iwan yn disgrifio'r wledd bedwar ugain mlynedd fel 'eiliad ddiddiwedd o ryddid ffug' a bod y cof yn dychwelyd fel morio'n ôl at lannau fu ar goll yn y niwl:

> mae'r drws yn agor
> a'r dyfroedd yn torri
> yn donnau o gof, o gariad,
> a chwys a chwerwedd
> pob genedigaeth a fu erioed,
> yn ein golchi tua'r aber,
> tua'r dŵr croyw.[15]

Yn ddiweddarach aed â'r pen i'r Gwynfryn yn Llundain a'i gladdu'n ddirgel a'i wyneb tua Ffrainc i warchod glannau'r ynysoedd hyn rhag ymosodiadau'r Saeson. Dyma ddywed y Trioedd: 'a hyd tra fu yn yr ansawdd y'i doded yno, ni ddôi gormes y Saeson fyth i'r ynys hon.'

Mae'r traddodiad o gadw cigfrain ar y Tŵr yn Llundain hyd heddiw yn perthyn i'r hen stori honno. Mae'r frân warchodol, y frân sy'n cadw llygad ar fygythiad, ar forglawdd yn chwalu, yn codi ei phen yng nghwmni Iwan Llwyd hefyd:

MYRDDIN AP DAFYDD

un frân ar y gorwel yn gwylio'r ffin
a llyn Clywedog dan rew.[16]

Ac ar lan y môr ym mis Tachwedd:

Mae'r llanw'n llafar ym Mhorth-gain
a'r brain yn dwrdio'r brige.[17]

Aeth darnau o'n hanes yn anweledig inni. Allwn ni ddim
gweld olion llys Pengwern na neuadd Cynddylan heddiw.
Does dim,

dim ond cigfrain
yn crawcian yn yr ymennydd.[18]

Dyma'r dadrithiad oedd hefyd yn rhan o brofiad Iwan. Aeth
Cymru'r Chwedegau yn Gymru'r Wythdegau. Trodd protest
a chanu pop, rali a noson lawen, peintio arwyddion a
pheintio'r byd yn goch yn Thatcheriaeth, yn ddirwasgiad ac
yn chwalfa wrth i'r Cymry wrthod mymryn o gyfle i fod yn
gyfrifol am eu buddiannau eu hunain yn refferendwm 1979.
Doedd y frân yn Iwan ddim wedi gweld hynny'n dod. Roedd
y genedl wedi dewis codi pen Brân o'r gaer unwaith eto, a
chwalu'r amddiffynfeydd

fe'u cenhedlwyd dan enfys
a'i lliwiau 'mhleth mewn cnawd a blys,
lliwiau'r chwedegau nwyfus,

ond daeth adwaith i greithio
wynebau'r rhain, i droi bro
yn dir hesb sy'n dadfeilio.[19]

Brân oedd yn ysbrydoli'r gwarchod, ond roedd Brân y dyddiau hynny'n digalonni wrth weld dihidrwydd y bobl a fu unwaith yn frwd dros eu delfrydau:

Be ddigwyddodd i'r hafau hirfelyn
a'r difyrrwch-malu-rwtsh a'r cybôl;
yr emynau, y gitâr a'r englyn?[20]

a

Ble'r aeth dy grys 'T' di ŵr ifanc,
a'i Gymru Rydd Gymraeg
yn gusan lawen feiddgar ar fin
dy Gymru ofalus, barchus, blin?[21]

Ond mae'n gamgymeriad darlunio Iwan fel 'bardd dadrithiad 1979'. Mewn gwirionedd, mae llawer o'i gerddi yn yr 1980au yn rhag-weld pleidlais 'Ie' 1997, hyd yn oed cyn bod dyddiad wedi'i roi ar gyfer honno. Bardd Refferendwm 1997, nid Bardd Refferendwm 1979 oedd o – mi ddywedodd wrthyf i un tro: 'Mae o'n mynd i ddigwydd 'sdi! 'Dan ni'n mynd i weld Cymru'n rhydd yn ystod ein hoes ni!'

'Mae elfen o bigo cydwybod yng nghymeriad y frân yng ngwaith Iwan weithiau. Dyma'r llais cras ar ddiwedd y nos sy'n ein deffro o hawddfyd y gwely plu. Mae'r frân ddu hon i'w chlywed ym marwnad diwedd byd Gruffudd ab yr Ynad Coch, yng nghywyddau Siôn Cent ac yn rhai o sonedau dychanol R. Williams Parry.

Mae'r frân ddu ar gomin Abergwesyn yng ngherdd Iwan yn ystyried y 'Wales Power List' a gyhoeddwyd yn y *Western Mail* yn 2002 ac yn ystyried ble mae ein grym mewn gwirionedd:

ar gomin Abergwesyn
y grym yw deilen grin
a thrydan caeth y rhedyn –
y gwenwyn yn y gwin:

ar gomin Abergwesyn
mor bell yw rhythmau'r byd –
un lôn ar ben ei thennyn,
un frân o ddifri o hyd.[22]

Y frân ddu hon a welodd y geiriau croesawgar 'Mae Cymru ar Agor' ar ôl caethiwed clwy'r traed a'r genau yng ngaeaf 2001, ac a welodd yn y geiriau hynny:

Mae Cymru ar agor:

ac mae croeso i chi i gyd yn eich Discoveries
a'ch Renault Meganes,
eich carafannau a'ch siarabangs aer-gylchog
aml-olwyniog
i gau ein lonydd a thagu'n pentrefi,
a pheri cynddaredd mewn beirdd
sy'n trio cyrraedd ysgol arall cyn tri.[23]

Ac ar ôl crawcian ei neges o sawl cangen arall, dyma Iwan yn cyhoeddi o frig y goeden

mae Cymru ar agor
am fod y capeli a'r tafarnau bach gwledig,
y chwareli a'r pyllau

a'r tyddynnod yn y bryniau,
y trydan a'r tafodau,
y straeon celwydd golau,
y prynhawniau chwil a'r chwedlau,
y dofednod a'r defodau,
a roc a rôl y bandiau,
a phob lôn o Fôn i Rwla,
a 'nghalon dywyll innau
i gyd ar gau:
ond mae Cymru ar agor.

Gwledd Aberhenfelen – a throi yn ôl i wynebu'r galar; wythnos yn yr Eisteddfod – a dod yn ôl i realiti'r Gymru go iawn. Mae'r ffiniau hyn yn chwarae yn ôl ac ymlaen yn ei gerddi ond nid dianc yw ei daith. Ni all ddioddef paradwys ffŵl:

Mae yn y *bourgeoisie* Cymreig
duedd i edrych drwy wydrau lliw,
a thorheulo pan mae'n goleuo mellt:

a minnau'n un ohonynt,
yn llwytho tabŵs i'r ferfa
i'w claddu 'ngwaelod yr ardd
gyda hen gi anwes y plant;

ac yna creu paradwys
lle nad oes trais na gormes,
Deddf Atal Terfysgaeth na thapio ffôn,
*H Blocks* nac Apartheid:
lle mae Pero'n fyw
a Chymraeg yw'r iaith.[24]

Mae gwleddoedd eraill yn amlwg yn ein llenyddiaeth draddodiadol. Gwleddoedd i anrhydeddu'r milwyr a'r brenin neu'r tywysog oedd y rheiny – gwleddoedd gyda'r beirdd yn canu clodydd y campau ar faes y gad. Efallai mai'r wledd enwocaf i gyd oedd gwledd y Gododdin, y llwyth Brythonig yn y chweched ganrif oedd â'i lys yng Nghaeredin ein dyddiau ni. Ar wahoddiad Mynyddog Mwynfawr, brenin y Gododdin, ymgasglodd hufen rhyfelwyr y Brythoniaid yn ei lys am flwyddyn a diwrnod i wledda a pharatoi am gyrch yn erbyn Saeson dwyrain Lloegr. Yn ystod y wledd hirhoedlog hon, daeth Aneirin – bardd llys y Gododdin – i adnabod y trichant aelod o'r osgordd o wŷr meirch oedd wrthi'n paratoi. Roedd rhai ohonynt o Gymru, un o Gernyw. Gwyddai eu henwau ac enwau tadau rhai ohonynt. Bu'r rhyfelwyr yn ffyddlon hyd angau i frenin y Gododdin – er iddynt wynebu byddin o ddeng mil o Saeson, yn ôl yr hanes, ymladdodd y trichant am wythnos gyfan nes bod pob un ond un (neu efallai dri) ohonynt wedi'u lladd.

Mae cerdd Iwan am Eisteddfod Genedlaethol Machynlleth 1981 yn cyfosod yr ŵyl gyfoes a gwledd y Gododdin. Mae'r hanes yn parhau, ac mae hyd yn oed yr un brain yn bresennol:

> yfasom gwrw'r hafod
> a byw'n fras
> ar gynhaeaf y gân a'r gynghanedd

cyn dychwelyd i'r hendref
yn fodlon: ...

ac wedi'r miri ym Maldwyn?

codasom ein pebyll
ac arwain y garafán tuag adref
a'r carnau'n codi'r llwch
i'n llygaid

gan adael
y brain yn pigo 'mysg
y sbarion a'r sbwriel
a chaniau cwrw gwag y Twrw Tanllyd.[25]

Mae wyau'r frân arbennig hon wedi eu hel o sawl nyth. Yng
nghanu Aneirin, mae'r frân yn gymeriad amlwg. Brân
Aneirin – aderyn yn byw ar gelanedd milwyr ydi hi. 'Cynt yn
fwyd i frain nag i angladd parchus,' meddai'r bardd am filwr
ifanc ym myddin y Gododdin; 'Cynt o fudd i frân nag i allor'
oedd ei fawl i Hyfaidd Hir, yr oedd ymladd yn bwysicach
iddo na charu; 'Porthai adar â'i law' yw ei bortread o Cyfno
fab Gwengad. Roedd y brain, yr adar celanedd, yn
gymdeithion i filwyr y gad ac yn bresennol yn y llenyddiaeth
amdanynt.

Un uchelgais gan Iwan yn 2007 oedd i griw ohonom greu
a theithio sioe yn seiliedig ar y Gododdin, brwydr Catraeth
ac awdl Aneirin. Roedd gan yr hanes a'r cerddi apêl iddo
erioed. Mae ganddo gerdd dan y teitl 'Aneirin' yn un o'i
gyfrolau cynnar. Ffotograffydd mewn rhyfel yn niwedd yr

ugeinfed ganrif ydi'r Aneirin hwnnw, ond, yn llygad Iwan, yr un swyddogaeth oedd ganddo â bardd y Gododdin – dal ysbryd yr unigolyn o fewn y rhengoedd niferus yn eu lifrai unlliw. Y tu hwnt

> i sgerbydau llosg y tanciau
> a lludw'r cyrff gwag, y milwyr briwiedig
> a'r cig amrwd a fwydai frain.[26]

roedd Aneirin – y ffotograffydd a'r bardd – yn rhoi cip inni ar dragwyddoldeb, ar yr enw a'r bri a fyddai'n goroesi'r frwydr. Y brain sy'n clirio'r llanast ond Aneirin sy'n gwarchod y gweddillion – ein hawl i fyw, ein cof. Eisoes mae perthynas yn tyfu rhwng y bardd a'r brain.

Yn y gerdd 'Catraeth', a gyfansoddodd ar gyfer sgerbwd y sioe honno, mae llais Iwan yn ymuno â llais Aneirin i gofnodi, i gadw traddodiad a threftadaeth yn fyw. Mae gennym enwau i'n harwyr ni, mae gennym ddarluniau sy'n dangos pa fath o hogiau oedden nhw tra mae enwau byddin enfawr y gelyn yn angof. Mae'r grefft yng ngeiriau cerddi Aneirin, y gelfyddyd hon sydd mor fyw yn ein diwylliant o hyd, yn sicrhau bod anfarwoldeb yn bod ochr yn ochr ag angau:

> lleisiau'r meirw'n goroesi
> a thwrw meddw'u direidi
> yn byw yn ein hymwybod ni:
>
> y lleisiau hyn a ddaw'n rhengoedd
> ar hyd llwybrau'r canrifoedd,
> a'r bore'n her ym mhob bloedd:

lleisiau'r trichant, nid y fyddin
a'u trechodd, a mygu eu chwerthin,
a ddaw yn ddi-daw o'r drin:

lleisiau mewn tŷ di-groeso
a'u helwch yn fflam heno'n
cynnau tân yn adfeilion y co'.[27]

Ond fel y brain, ar ymylon y fyddin mae'r bardd. Ef yw'r un
sy'n dod yn ôl ac yn adrodd yr hanes – dyna'i swyddogaeth.
Nid yw'n rhan o'r rhengoedd, nid yw'n chwerthin wrth yr un
byrddau, nid yw'n marw'r un farwolaeth. Mae'n annibynnol,
a'i awen hyd yn oed yn 'ddi-duedd', eto'n hanfodol.

Mewn cerdd arall, mae Iwan yn chwilio am olion go iawn
y ffin hanesyddol honno sy'n gwarchod hunaniaeth ei wlad
a'i iaith. Mae'r ffin honedig yn glir ar fap, ond ble mae'r
arwyddion gweladwy yn y trefi ac ar y tir?

buom yn crwydro'r gororau,
yn chwilio'r cefnffyrdd troellog
ar drywydd y clawdd,
ond ofer pob arwyddbost.[28]

Yn y diwedd, canfod yr olion:

o'i gyrraedd, ei gerdded
ond brau y tyweirch erbyn hyn;
y bylchau'n aml
a'r llwybr yn cadw'r cerddwyr
led cae draw oddi wrth y twmpathau bregus.

Mae'r bardd yn gweld y gwacter. Mae'n sylwi, ac yn nodi yn
ei gerddi, gan ddweud heb flewyn ar ei dafod fod

yr heddwch ar y clawdd yn llethol,
a'r unig swn:
tractor yn troi'r tir yn y pellter:
a'r unig drais:
brain yn pigo esgyrn hen ddafad.

Nid oes cyrff ar Glawdd Offa i'r brain erbyn hyn. Nid oes brwydro, nid oes rhyfelwyr – llythrennol na delweddol – yn gwneud eu gwaith yno. Mor wahanol i gerdd Taliesin i Gwallog, brenin arall o'r Hen Ogledd:

Ym Mhen Coed, cleddyfau;
Yn ddiau, celanedd brân
A brain yn amlhau.

Amlhau yr oedd brain Taliesin, gan fod rhyfelwyr yn goch ar faes y gad. Dim ond hen ddafad sydd gan frain Iwan Llwyd ar Glawdd Offa yn 1984. A dyna'r bardd yn rhoi crawc arall.

Mae taith i'r gorffennol neu daith i le neu ddiwylliant arall yn rhoi profiad sy'n sylfaen i adeiladu arno. Diwedd y teithiau hyn ydi cychwyn taith newydd. Mae Iwan yn sôn am 'y ddoe sy'n ddechreuad',[29] ac meddai:

mae ôl llwch y daith ar ein dillad,
mae'r sgwrs yn wahanol ...
achos ni fuom ni yma o'r blaen,
ac mae hynny ynddo'i hun
yn destun llawenydd:
medrwn gychwyn o'r fan hyn,
mae 'na ffordd ymlaen.[30]

Mae dau wirionedd ochr yn ochr yn ei ymadrodd 'cynghanedd flêr'. Mae'n cofleidio canllawiau traddodiadol ei grefft fel bardd, ond yn ychwanegu ei ystwythder ati:

barddoniaeth yw chwerthin; barddoniaeth yw'r sêr,
yr odl amrwd, cynghanedd flêr.[31]

Meddai hefyd: 'Dwi'n gredwr cry' mewn gwthio ffiniau, chwalu rheolau, ond bod yn rhaid gwneud hynny ar sail canrifoedd o iaith a thraddodiad a chyfarwyddyd.'[32] Fedrwn ni ddim troi'r cloc yn ôl, ond mi fedrwn fynd â'r gorffennol gyda ni wrth wynebu'r dyfodol. Mae hynny'n golygu dod â brain Aneirin a chynghanedd yr englynion beddau a mesurau'r cywyddwyr i ganol ein ffordd ni o ganu am y byd heddiw:

barddoniaeth yw gadael graffiti ar ôl,
yw curiadau anniddig roc-a-rôl.[33]

Nid oedd Iwan yn gonfensiynol gyda rheolau'i gerdd dafod bob amser, nac yn dewis dilyn canllawiau caeth y soned. Pan gâi gomisiwn cerddi neu ysgrif gan y wasg acw, mi fyddai yna ddedlein a phan fyddai honno wedi hen basio, mi fyddai ar y ffôn yn gofyn, 'Erbyn pryd y mae'n RHAID iti gael y petha 'ma?' Pan fyddai'n lansio cyfrol newydd gyda Gomer neu Wasg Taf, mi fyddai'n gafael yn fy mraich ac yn cael rhyw air bach tawel, 'Mi weli di ambell gerdd gyfarwydd yn hwn. Dwi'n gwybod mai chdi wnaeth eu comisiynu nhw a'u cyhoeddi nhw gynta, a'r crap yna i gyd, ond ti'n gwybod ...

'Ac wedyn mi fyddai'n gwneud wyneb cath – gwên o glust i glust nes bod ei lygaid yn fain, gan siglo'i ben a chodi ei sgwyddau. Ond nid blerwch oedd hynny chwaith, dim ond gwrthod i'r manion danseilio'r pethau sy'n cyfri.

Dau fyd go iawn sy'n cydfodoli ydi'r hyn sy'n oesol a'r hyn sy'n gyfoes. Mae Iwan yn croesi'n ôl ac ymlaen rhwng y ddau fyd. Mae'n hoff o'r mannau hynny lle mae'r ddau fyd yn cyfarfod: Catraeth, Cilmeri, Capel Celyn, lle mae'r ffin rhwng y ddau fyd yn denau iawn, fel y ffin rhwng y byd hwn ac Annwfn – y byd arall – yn y Mabinogi. Mae Gwyn Thomas yn galw hyn yn gyflwr 'cyd-rhwng' lle mae modd gweld a phrofi'r ddau 'fyd' neu'r ddau 'gyflwr'. Nid y gwahaniaethau na'r gwrthgyferbyniad sy'n cyfri, meddai Iwan, 'ond yr hyn sy'n bwysig yn y meddwl Celtaidd yw nad mater o "ddrwg" a "da" yw hyn, fel yn y gred Gristnogol, ond dau gyflwr sy'n bodoli yn gyfochrog â'i gilydd, ac i raddau yn atgyfnerthu'i gilydd.'[34]

Mae'r dywediad 'fel yr hed y frân' yn darlunio taith uniongyrchol, o beidio â pharchu rhwystrau traddodiadol. Drwy hyn, mae'r deryn hwn yn cymdeithasu gyda chymeriadau'r gorffennol a chêsys heddiw:

> Mae ei hanes yn gyfarwydd,
> ond 'does neb a ŵyr ei hynt,
> o daleithiau y dyfodol
> i'r hen ranbarthau gynt:
> mae o yno ym mhob cwmni.[35]

Aeth Iwan i Fro Morgannwg, i ddinas y frân ar yr arfordir,
Dunraven erbyn hyn, a datguddio hynny'n union – bod
modd gweld oes arall drwy ffenest hen oes:

> nid yw ein hanes ni ond gronyn
> o dywod a dry'n wydr wedyn.[36]

Aeth i ynys Corsica a gwelodd feini hirion hynafol, rai
ohonynt ar ffurf milwyr a chleddyfau:

> ninnau adre'n gwangalonni'n
> palmantu traffyrdd ein concwerwyr,
> yn conglfaenu'u hailgartrefi,
> yn ofni beirdd:

> rhoi cig ar gerrig mewn cae
> yw gwaith beirdd, a gwaed mewn gwythiennau,
> rhoi i feini gleddyfau.[37]

Mewn lle dieithr, mae'r frân yn canfod stori gyfarwydd.
Mewn lleoedd cyfarwydd fel y Rhyl a Phorthcawl, Cwm
Carn a Rhaeadr Gwy, mae'r frân sy'n hedfan yn canfod
dieithrwch y mae'n ei dynnu i mewn i stori'n hiaith a'n
diwylliant ninnau:

> ynom mae Clun a Threfaldwyn
> a threfi distaw'r gororau,
> ac ynom hefyd mae'r caerau
> yn Arfon a Cheredigion a Llŷn.[38]

Mae'n hedfan i Batagonia ac mae'n edrych yn wan am
glywed y Gymraeg mewn tafarn yno,

ond rhwng y nos a'r gawod sêr
fe ddaeth yr iaith fel ffarmwr blêr.[39]

Yn ei gasgliad o gerddi am Goron 1990, oedd yn cyhoeddi
diwedd dyddiau pruddglwyfus yr wythdegau, dywedodd:

> y cyfan sy'n cyfri yn nhwllwch ein dyddiau gweddw
> yw'r gwreichion chwerthin sy'n disgyn
> yn gawod amryliw i oleuo'n taith adre.[40]

Mae'n ein gadael gyda hyn:

> a phaid poeni os yw ein breuddwydion a'u bri
> wedi mynd fel Seithennin i'r lli,
> mae 'na rai ar ôl sy'n dal yn ffyddlon
> i weddillion ein halawon ni.[41]

Mae'r frân ar y gangen rhyngom a'r gorwel; mae ar y polyn
sy'n cario gwifren y ffôn i'r tŷ – ond pa mor bell a pha mor
agos ydi'r frân? Pa mor agos at ei gymdeithas ydi'r bardd?
Mae'n wir fod Iwan yn hoff o'i gwmni'i hun, ac angen ei
gwmni'i hun weithiau 'Sêt i un yn y Brown's Hotel'.[42] Y mae
angen yr unigrwydd a'r llonyddwch ar brydiau:

> Gweithred unig yw barddoni:
>
> gweithred y nos â'r golau'n isel,
> a'r boreau segur yn y gwely oer.[43]

Yng ngwaelod ei fod, dyn swil oedd Iwan ac un ffordd o drechu'r swildod a throi at gymdeithas eraill oedd teithio ar ei ben ei hun:

> yn y bôn y cyfan yw byw
> yw bod yn barod i dorri gair
> â'r gŵr diarth ar y groesffordd.[44]

Un o'i ofnau mawr oedd nad oedd neb yn gwrando ar ei gerddi nac yn cymryd sylw o'r hyn oedd ganddo i'w ddweud. Mewn cerdd gynnar, cyn amryw o'r teithiau barddol, pan oedd barddoniaeth Gymraeg yn dal yn eithaf caeth i gyfansoddiadau eisteddfodol a chyfnodolion isel eu gwerthiant, dyma'i gwestiwn am farddoni yn y Gymraeg:

> Ydi o fel bod mewn pub yn Llundan?
> Ydi o?
> Y siarad unig â thi dy hunan
> a neb yn gwrando.[45]

Nid dyna oedd barddoni iddo, ond cyrraedd, cysylltu, cyffroi.

> Roedd golau ym mhen draw pob cwm
> i'r bardd, a'r llwybrau'n batrwm:
> roedd ei fap ar gefn ei law ac yn ei gynghanedd,
> a de a gogledd cyn agosed
> â'r odlau a glymai ei linellau.[46]

Nid rhywbeth niwlog oedd yn digwydd drwch llyfrgell i ffwrdd oedd barddoni; roedd yn digwydd yng nghanol ei bobl. Dyna oedd ystyr 'poblogeiddio' iddo. Mae yna golofnwyr yn

*Barddas* yn y gorffennol wedi honni mai gostwng safonau llenyddol, mai dangos natur daeogaidd, mai twpeiddio, mai perfformio stwff sy'n 'mynd i lawr yn dda' ymysg cynulleidfa sydd wedi cael o leiaf peint neu ddau ydi'r unig ddehongliad o 'boblogeiddio'.

Ond fyddai Iwan ddim yn cytuno gyda chyfaddawdu a phlebeiddio'i grefft. Brân Urien oedd o yn y Cian Offis, Llangadfan a Chlwb y Triban, Pontypridd. Mi drodd ataf i â phen cam a gwên drist, garedig yng Nghricieth un tro a minnau'n trio dewis rhywbeth yn sydyn ar gyfer rownd olaf rhyw stomp neu'i gilydd, a dangos dwy gerdd iddo gan ofyn pa un fuasai'n plesio. Y wên yna, a chodi ei aeliau a'i sgwyddau yr un pryd – 'Chlywi di byth mohono' i yn darllen cerdd er mwyn plesio neb, Myrddin.'

Mae hynny'n wir amdano. Yr un mor wir yw dweud ei fod eisiau – ei fod angen – cael ei hoffi hefyd. Rydan ni eto ar un o ffiniau Annwfn. Byddai'n flin gyda marc Talwrn nad oedd yn anhygoel, neu gynulleidfa stomp nad oedd yn ei ddewis i'r ffeinal. Doedd dim yn well ganddo na chael derbyniad da i'n cerddi a'n caneuon yng Nghlwb Ifor Bach, Caerdydd, neu Glwb y Felin, y Felinheli – 'Gwranda arnyn nhw! Maen nhw'n ein LICIO ni! Barddoniaeth ydi'r roc-a-rôl newydd. Mae o'n secsi!'

Mynd â barddoniaeth, a chelfyddydau eraill, at gynulleidfa ehangach oedd galwedigaeth Iwan, a dod â'r gynulleidfa

ehangach at graidd, at grawc, at groesffyrdd ein barddoniaeth
ni. Roedd o ddifri, hollol o ddifri ynglŷn â hynny:

doedd 'na neb yn cofio'i enw,
ond roedd pawb yn cofio'i wên,
a'i wallt blêr yn gydynnau,
a'i geg yn gam a chlên:
pob tro y trawai heibio
roedd 'na sŵn a chwerthin mawr,
a phawb ganddo mor gyffredin
â'r llwch sydd ar y llawr.[47]

# Nodiadau

1 'Aderyn Diarth', *Cywyddau Cyhoeddus 2* (Gwasg Carreg Gwalch, 1996), t.84

2 'Y Truan', *Darllen Delweddau,* (Gwasg Carreg Gwalch, 2000), t.72

3 'Trydar', *Iwan, ar Daith,* gol. Myrddin ap Dafydd (Gwasg Carreg Gwalch, 2010), t.180

4 'Cyfrinachau', *Cri'r Barcud Coch/ Cry of the Red Kite,* t.11

5 Cyflwyniad yn rhaglen *Cicio Ciwcymbars,*1988

6 'Pen Urien', *Yr Aelwyd Hon,* gol. Gwyn Thomas (Llyfrau'r Dryw, 1970), t.84

7 'Lliwiau Cymru', *Dan Ddylanwad,* t.93

8 'Ga' i fod yn indian, Mam?', *Bol a Chyfri Banc,* t.9

9 'Teithio', *Be 'di Blwyddyn Rhwng Ffrindia?,* t.151

10 'Archaeoleg', *Barddas* 307 (Ebrill/ Mai/Mehefin 2010), t.25

11 'Llwybrau': comisiynwyd Iwan Llwyd i gyfansoddi awdl i ddathlu llwybr newydd yr Alwen, Uwchaled yn 2006.

12 'Archaeoleg', *Barddas,* 307, t.25

13 'Llwybrau', (2006)

14 'Llwybrau', (2006)

15 'Aberhenfelen', *Darllen Delweddau,* t.10

16 'Sgrifen yn y tywod', *Sbectol Inc*, gol. Eleri Ellis Jones (Y Lolfa, 1995), t.122

17 'Mis Du', *Rhyw Deid yn Dod Miwn* (Gwasg Gomer, 2008), t.60

18 'Gwynt y Dwyrain', *Sonedau Bore Sadwrn*, t.22

19 'Plant y chwedegau', *Dan Anesthetig*, t.12

20 'Mabinogi', *Dan Anesthetig*, t.13

21 'Gwaddol', *Dan Anesthetig*, t.28

22 'Abergwesyn, *hanner cant*, t.27

23 'Mae Cymru ar Agor', *Syched am Sycharth*, t.96

24 'Paradwys Ffŵl', *Sonedau Bore Sadwrn*, t.6

25 'Wedi'r ŵyl', *Sonedau Bore Sadwrn*, t.11

26 'Aneirin', *Dan Anesthetig*, t.22

27 Llawysgrif taith anorffenedig 'Catraeth: daeth un yn ôl', 2007

28 'Ger Clawdd Offa: Mai 1984', *Dan Anesthetig*, t.4

29 'You're not from these parts?', *Be 'di Blwyddyn Rhwng Ffrindia?*, t.35

30 'Y daith', *Be 'di Blwyddyn Rhwng Ffrindia?*, t.160

31 'Y wers', *hanner cant*, t.30

32 'Y naill ochr i'r wal', *Barddas*, 294 (Awst/Medi/Hydref 2007), t.62

33 'Y wers', *hanner cant*, t.30

34 'Penwythnos yn Annwfn', *Barddas*, 291 (Chwef/Mawrth 2007), t.46

35 'Y Dieithryn', *Iwan, ar Daith*, t.14

36 'Din y Frân [Dunraven]', *Rhyw Deid yn Dod Miwn*, t.104

37 'Meini', *Dan fy Ngwynt*, t.39

38 'Ger Clawdd Offa: Mai 1984', *Dan Anesthetig*, t.4

39 'Y Weddi', *Eldorado*, t.89

40 'Tân Gwyllt', *Cyfansoddiadau a Beirniadaethau Cwm Rhymni 1990*, t.42

41 'Kenavo', *Barddas*, 307 (Ebrill/Mai/Mehefin 2010), t.36

42 'Dilyn Dylan', *Rhyw Deid yn Dod Miwn*, t.85

43 'Sonedau Bore Sadwrn', *Sonedau Bore Sadwrn*, t.4

44 'Yn gawdel mewn glas', *hanner cant*, t.9

45 'Barddoni (yn Gymraeg)', *Dan Anesthetig*, t.2

46 'Dwy Daith', *Syched am Sycharth*, t.17

47 'Y Dieithryn', *Iwan, ar Daith*, t.14

'Creu'r byd trwy gân'

# Y BARDD

# SYDD YN

# CANU'R BYD

*Osian Rhys Jones*

*'Mae'n cerdded y llwybrau a'u*
*canu'n rhwydwaith o fan i fan.'*[1]

**B**wriad yr ysgrif hon yw edrych ar un elfen sy'n greiddiol i yrfa Iwan Llwyd fel bardd, sef y grym i greu'r byd trwy gân. Saif y grym hwnnw ar ei groesffordd greadigol, gan fod y syniad yn treiddio nid yn unig i themâu a phynciau ei gerddi, ond hefyd i'w gredo sylfaenol yn nyletswydd, rôl a dylanwad y bardd ei hun. Trwy ganu'r byd o'i gwmpas (ac yntau wedi gweld cryn dipyn ar y byd), llwydda i greu, ail-greu, mapio ac adfywio llwybrau colledig, mannau cysegredig ac arwyr cenedlaethol. Dyma fara menyn y bardd, a'i gerddi'n arwyddocaol i'w hunaniaeth o yn ogystal â hunaniaeth y gymdeithas a'r genedl yr oedd yn rhan ohoni.

Yn anorfod bydd hyn i ryw raddau'n ein tywys at themâu eraill amlwg yn ei waith, fel teithio a chroesi ffiniau, ond fe geisiwn osgoi cael ein hudo ar hyd y trywyddau hynny yn ormodol yn y llith hon. Ceisiwn ddod i ben y daith drwy gael cip ar arwyddocâd yr elfen hon yn ei waith i farddoniaeth a beirdd sydd yn canu heddiw.

Does dim dwywaith nad yn 'Gwreichion', sef y casgliad o gerddi a enillodd iddo Goron Eisteddfod Genedlaethol Cwm Rhymni 1990, y cynrychiolir y cysyniadau hyn yn y modd amlycaf a mwyaf diamwys trwy holl waith Iwan Llwyd. Nid af i drafod gormod ar y cerddi eu hunain yma, ond byddai'n fuddiol taflu cipolwg ar y syniadaeth sydd y tu ôl i'r casgliad, a chael blas ar arwyddocâd hynny i waith ehangach Iwan fel bardd.

Rhoddai ei ffugenw yn y gystadleuaeth honno, Tjuringa, gliw go sylweddol mai mynd â ni i fyd syniadol yr Aborijiniaid y mae Iwan, er mai cerddi Cymreig, wedi'u gwreiddio yn naearyddiaeth Cymru ydynt. Mae dylanwad y gyfrol deithio enwog *The Songlines* gan Bruce Chatwin i'w weld yma, ac mae sawl pennod o'r gyfrol honno, yn fy marn i, yn taflu llawer o oleuni ar fotiffau yng ngherddi Iwan Llwyd trwy gydol ei yrfa.

Yn ôl cred yr Aborijiniaid, byddai hanfod bywyd hyd yn oed mewn byd sy'n hepian, yn fud a dall. Yn y dechreuad, meddir:

> There were no animals and no plants, yet clustered round the waterholes there were pulpy masses of matter: lumps of primordial soup – soundless, sightless, unbreathing, unawake and unsleeping – each containing the essence of life, or the possibility of becoming a human.[2]

O'r dechreuad hwn, byddai hynafiaid yr Aborijiniaid wedi llwyddo i godi o'r trobyllau hyn a chyhoeddi eu bodolaeth:

> 'I am!', this primordial act of naming, was held, then and forever after, as the most secret and sacred couplet of the ancestor song.

Byddai'r rhain wedyn yn rhoi cam ymlaen â'u troed chwith gan gyhoeddi eu hail enw. Byddent yn rhoi cam arall ymlaen â'u troed dde ac yn ennill trydydd enw. A byddai'r hynafiaid wedi teithio ymlaen o'r fan honno:

> He named the waterhole, the reedbeds, the gum trees – calling to right and left, calling all things into being and weaving their names into verses.

Ac yn y dyfyniad olaf hwn o waith Chatwin, mi allwn glywed llawer o gerddi taith Iwan yn atseinio ac yn mynnu ymwthio i'n hymwybod:

> The Ancients sang their way all over the world. They sang rivers and ranges, salt-pans and sand dunes. They hunted, ate, made love, danced, killed: wherever their tracks led they left a trail of music.

Arwyddocâd y *tjuringa* ei hun oedd ei fod yn wrthrych corfforol (o garreg neu bren) ac yn rym ysbrydol (enaid, mytholeg) sy'n eiddo i hynafgwr a'i deithiau. Trwy ei gadw yn ei feddiant roedd gan hynafgwr Aborijini 'basbort' yn ôl i'w noddfa, i fan ei eni, yn caniatáu iddo orffen cylch o gân wedi'i wau am y byd. Ond pan gyll Aborijini ei *tjuringa*, cyll ei holl hunaniaeth a'i gyswllt â'i orffennol.

Er mai canu'r byd i fodolaeth yw pob gweithred o farddoni ar ryw lefel fwy anymwybodol, ac mai canu eu hunain a'u hamgylchedd i fodolaeth a wna llawer o feirdd, mae hyn yn fwy gwir yng nghyd-destun gyrfa Iwan Llwyd nag unrhyw fardd arall o'i genhedlaeth. Yn wir, mi gredaf mai dyma brif gymhelliad Iwan wrth fynd ati i gyfansoddi; y mae pob cerdd yn rhan o gylch o gân nad oes modd ei dorri. Yn ei eiriau ei hun:

> a sancteiddrwydd y cyfan
> yn gylch na ellir mo'i dorri,
> yn freuddwyd heddiw, ddoe ac yfory.[3]

Gan ddechrau wrth ein traed, neu draed y bardd, o bosib, fe welwn hyn ar ei fwyaf greddfol, unigolyddol a naturiol mewn cerdd fel 'Far Rockaway'. Fel y crybwylla'r gerdd, enw'r lle sy'n ysgogiad i'w chyfansoddi, gan ddwyn i gof eiriau T. H. Parry-Williams: 'Ni ddysgodd y truan eto mai hud / Enwau a phellter yw "gweld y byd".'[4] Ac erbyn i'r bardd fynd â ni o un pen i'r lle i'r llall, mae fel petai'n deffro maestref gysglyd ddigon di-nod yn Efrog Newydd; mae'r delweddau iwtopaidd, ewfforig bron, yn mynd â ni i fyd bardd sydd am gydio yn y lle a'i ysgwyd nes bod arwyddocâd iddo yn nychymyg ei gynulleidfa a'i ddarllenwyr:

> lle mae heddlu'r dre
> yn sgwennu cerddi wrth ddisgwyl trên
> ac yn sgwrsio efo'u gynnau'n glên.[5]

Mae Iwan Llwyd yn aml yn fardd symbolaidd, a'i gerddi'n magu ystyron ehangach ac iddynt arwyddocâd diwylliannol neu genedlaethol, ond mi gredaf, am unwaith, nad oes diben ceisio ystyron felly yn y gerdd hon. Weithiau gall bardd deimlo cerddi'n bodoli cyn iddo gael gafael arnynt. Mewn nodyn cyflwyniadol i albwm y cerddor Tom Waits, *Used Songs*, dywed ei gyfaill Charles 'Chuck' Schwab: 'As Tom used to say, in order to catch a song you have to begin thinking like one; they are illogical and unexpected, and if they ask you to write them down, you better do it or they will get mad ... and who wants a song mad at them?'[6]

Mae cerdd Iwan yntau, 'Angylion', yn ein hatgoffa o hyn, gan ddangos ei fod yn effro i'r cynyrfiadau bychain sy'n dod bob hyn a hyn:

> Pan fo angylion yn hedfan heibio,
> a swˆn eu dyfod fel dail yn gwlitho,
> neu dwrw barrug ar ffenestri bro.[7]

Iwan, mae'n siŵr gen i, oedd y bardd iawn, yn y lle iawn ar yr amser iawn. A dyna Iwan yn canu 'Far Rockaway' nes ei bod yn rhan o'n hymwybod ni'r Cymry.

Mae argyhoeddiad yng ngwaith Iwan ynglŷn â beth oedd rôl y bardd. Mae teithio, mapio'i genedl a'i fyd a herio'r drefn oll yn rhan o'i ddyletswyddau. Cyfeiria yn y gerdd 'Bardd' at natur beirdd ar hyd yr oesodd wrth ymweld â llysoedd noddwyr a'r ffordd y byddant yn:

> bwrw llythrennau i'r tân
> a gadael iddyn nhw lifo'n iaith newydd ar hyd yr aelwyd.[8]

Mae ei waith yn magu ystyron dyfnach eto na hynny. Fe'i gwreiddiwyd yn y tir ac roedd yn ymwneud ag ailddarganfod hen lwybrau a hen draddodiadau; ond ynghlwm â hyn rhaid yw dod o hyd i'r dyheadau sydd ynom oll hefyd. Her y bardd yw dilyn y ffordd honno, nes

Yn ei dro aiff yntau'n un â'i lwybyr,
a chanu ei gân a chanu gwlad â phob cam.

Mae adlais syniadaeth yr Aborijiniaid yn gryf yn y geiriau hyn. Nid cyd-ddigwyddiad yw'r ffaith mai'r dyddiad a nodir ar y gerdd hon yn y gyfrol Be 'di Blwyddyn Rhwng Ffrindia?, ydi '19.9.1990', gwta fis ar ôl cyflwyno coron Eisteddfod Cwm Rhymni i Iwan.

Mae gan Iwan beth wmbreth o gerddi eraill sy'n cyflwyno gwreichion ei syniadaeth am ei brofiad a'i rôl fel bardd, dyletswydd beirdd yn ehangach, a'r hyn ydi grym barddoniaeth iddo fo, ac fe dâl inni gael cip ar rai ohonynt yma.

Athro barddol rhwystredig sy'n traethu yn 'Y wers'. Ateb y cwestiwn 'Beth yw barddoniaeth?' yw ei her, gan gynnig ymhlith ei atebion:

'barddoniaeth yw dal hud wyneb a lle,
o Aber Mawddach i gefnfor y de,

gwneud map o'r enwau sy o'n cwmpas ni
yn gloddfa o chwedlau'.[9]

Mae rhwystredigaeth Iwan yn ymateb mydryddol-swta ei ddisgybl yn amlwg:

... 'O,' meddai hi,

'mae pawb yn fardd felly, gall unrhyw ffŵl
wylio trai a llanw ym Mhenmaenpŵl'.

OSIAN RHYS JONES

Dyma'r bardd yn ceisio dangos nad dim ond creu geiriau siwgwrllyd a cherddi candi-fflos y mae beirdd. Trwy wau gwe o gân am eu byd, mae'r mannau y cenir iddyn nhw'n magu arwyddocâd ehangach, yn cyfannu'r gorffennol, y presennol a'r dyfodol gyda'i gilydd.

Gwelwn hyn ymhellach yn y gerdd drawiadol 'Miami Beach':

> Mae 'na ddyfnder
> na all rhai ei ddirnad,
> y dyfnder sy' ar gyrion y môr,
> y dyfnder ar ymyl yr eiliad.[10]

Y gallu i ymdeimlo ag ystyron sydd o fewn gafael, ond eto ymhell, dyna, medd Iwan, yw'r rheswm pam mae beirdd yn bodoli. Eu gallu nhw i lapio pobl a llefydd mewn cân a'u dyrchafu uwchlaw'r cyffredin yw hanfod y farddoniaeth a grëir ganddynt; dyna sy'n rhoi iddi ei phwrpas.

Un gerdd ddiddorol dros ben yn y cyd-destun yma ydi 'Harley Davidson', o'r gyfrol *Dan Ddylanwad*.[11] Cerdd ydi hon sydd ar yr wyneb yn sôn am y diwydiant cynhyrchu beiciau modur yn America, neu'r diwydiant sydd, yng ngeiriau'r bardd, yn 'cynhyrchu'r freuddwyd'. Edmyga'r bardd lafur caled y gweithwyr wrth iddo yntau ymweld yng nghanol y 'twristiaid dillad haf'. Daw i gymharu hyn â'r 'cofis dre' a fu

> yn crymu dan bwysau meini'r Sais,
> yn ail-drefnu sbwriel llys Llywelyn.

Byrdwn y bardd yw nad ydi breuddwydion yn gallu cael 'eu cipio o'r awyr'; mae'n rhaid mynd ati gyda nerth bôn braich i droi breuddwydion yn realiti. Gwylia'r gweithwyr

> yn baeddu'u dwylo, yn heneiddio'n ifanc,
> yn fudur gan olew a saim a siomiant,
> a syrffed y llinell gynhyrchu.

Mae diffuantrwydd ac angerdd y dweud yn y gerdd hon yn awgrymu bod haen arall o ystyr ynddi hefyd. Tybed a ydi Iwan Llwyd yn gweld y broses o greu yn ei gerddi ei hunan fel agwedd arall ar 'gynhyrchu'r freuddwyd'? Wedi'r cyfan, dychmygwyr cenedl ydi un o'r pethau mae disgwyl i feirdd fod. Eironi'r gerdd yn hyn o beth yw mai breuddwyd ddigon ffals a gyflwynir i dwristiaid yng Nghymru yn aml iawn, ond mae breuddwyd amgen gennym ni, y Cymry. Mae'n rhaid i feirdd dorchi'u llewys dros gerdd dda; mae'n rhaid byw fel beirdd hefyd gan brofi oglau'r olew a'r llwch o'r lôn. Mae'n rhaid i gynulleidfa a chymdeithas y bardd hefyd roi eu trwynau ar y maen os ydyn nhw am weld newid, a

> [g]weld y freuddwyd yn cludo
> un cwsmer hapus arall
> i hollti'r gwynt
> ar Harley Davidson dros Bont Borth yr Aur.

Saif grym barddoniaeth fel cyfrwng oesol i nodi bodolaeth a chanu enwau, traddodiadau a'n hamgylchfyd yn ein hymwybyddiaeth. Gall y farddoniaeth honno orchfygu rhaib, mudandod a marwolaeth ei hunan. Yng ngwaith Iwan Llwyd mae'r weithred o greu, ail-greu ac adfywio yn drech nag unrhyw rym gormesol a osodir arnom fel dynol ryw.

Yn 'Ar y groesffordd', mae'r weithred o adael marc ar y byd, er mwyn dangos inni fod yma a'i brofi'n llawn, yn ei harddwch a'i hagrwch, yn amlwg iawn:

> ac fe fydd ôl yr olwynion
> yn graffiti ar goncrid:
> ty'd i lawr at y groesffordd,
> ac fe wnawn daro bargen,
> ei selio trwy dorri'n henwau
> ar wal yn Saskatoon.[12]

Mae'r awydd ynom i gyd am adael ein hôl yn gryf. Yn ein dyddiau ni heddiw, a'r we a chyfryngau cymdeithasol wedi chwyldroi natur a swm ein cyfathrebu bob dydd, mae'n arwyddocaol am na fu'r un cyfnod mewn hanes lle cafodd cynifer o bobl gyfle i adael llofnod o ryw fath. Efallai y gwelwn yn y man mai dim ond llofnod mewn cwmwl llaith ar wydr fydd hwnnw, megis llofnod y meddwyn anweledig yn 'Derbyn cyfrifoldeb':

> gwenodd
> ac anadlodd ar y ffenest agosa'
> a sgwennu'i enw yn y drych.[13]

Caiff hyd yn oed y bobl ar y cyrion, o bryd i'w gilydd, gyfle i ddatgan 'Dwi yma!'

Diddorol ydi'r gerdd 'Paradwys' wrth edrych ar werth enwi llefydd a chanu'r byd. Cerdd yw hon 'i Jack Hart', sydd, o'r hyn a awgrymir yn y gerdd, yn gweithio yn Mhrifysgol Rio Grande yn Ohio, y mae Canolfan Madog ar gyfer Astudiaethau Cymreig yn rhan ohoni. Mae'r gerdd hon yn llawn cyfeiriadau at dirwedd dieithr:

> Doedd dim enw ar y bryniau
> a godai fel gwyddfa o'r paith[14]

ac yn llawn rhwystredigaeth gan fod y bardd yn gweld bod ar wrthrych ei gerdd angen gweld ei Gymru yntau, Cymru sydd yn fyw o fyd, a

> dianc rhag paradwys sych
> mynachlog gwyngalchog di-gwrw
> y campws.

Mae'r un enw sydd yn gyfarwydd yno, sef Rio Grande, yn enw a drawsblannwyd i gofio brwydr ymhell o'r fan honno, 'Bwlch Crimea Ohio' yn ôl y bardd. Ysfa Iwan Llwyd yw cael mynd â Jack Hart

> i fedyddio unwaith eto
> y bryniau di-enw
> â'r dafnau di-ffiniau sy'n diffinio
> pob rhan o'r tirwedd, pob acer, pob erw.

Ac yn y bôn, paradwys Iwan, lle bynnag y bu'n teithio yn y byd, yw Cymru – a hynny gan fod enwau ar y bobl, ar y ddaearyddiaeth, ar yr holl gynefin. O fewn ffiniau Cymru mae'r gân honno sy'n gylch diddiwedd yno o hyd ac yn

OSIAN RHYS JONES

obaith parhaus. Ceir sawl enghraifft yng ngwaith Iwan Llwyd, yn enwedig felly yn y gyfrol *Dan Ddylanwad*, lle mae Iwan yn teimlo ing unigolion a diwylliannau sydd wedi colli eu henwau cysegredig a'u treftadaeth; y nhw ydi'r rhai sydd wedi colli eu *tjuringa*. Un o'r rheiny yw Linda, un o lwyth y Cree, yn y gerdd 'Chwarae golff'. Byw mae Linda mewn 'fflat yn Saskatoon, / lle daw'r paith i gwrdd â'r ddinas.' Sonia Iwan sut y bu'n eistedd yn ei chwmni yn 'gwrando lleisiau'r Cree', nes bod yr hyn sy'n rhwystr rhwng Linda a'i holl hunaniaeth yn chwalu,

> ac am awr neu ddwy
> doedd dim twyni rhyngom a'r gorwel,
> dim cwrs golff rhyngom a'r cof –
> dim ond gwareiddiad.[15]

Gan i Linda adrodd hanesion ei llwyth gellir chwalu'r ffin a osodwyd rhyngddi hi a'r paith. Nod Iwan Llwyd wrth ganu'r gerdd iddi oedd rhoi iddi lais arall, un sy'n atsain ym mhennau'r Cymry mai hawdd iawn yw colli popeth os nad ydym yn cynnal cylch y gân ac yn ychwanegu ato gyda'n cylchoedd newydd ein hunain hefyd. Roedd y posibilrwydd o fod yn fud yn ddychryn iddo, a does dim dwywaith chwaith nad oedd Iwan Llwyd yn aml yn ofni mudandod yn ei gerddi. Roedd tawelwch, tywyllwch, stondrwydd di-daith yn gyfystyr â bod mewn stad o gaethiwed. Yn fwy na hynny, maent yn gyfystyr â pheidio â bodoli, bron. Dyna pam y gwelwn gymaint o fri yn ei gerddi ar ryddid, y lôn, breuddwydio a byw'r freuddwyd. Y rhain oedd yn gwarantu gwerth mewn bywyd ac yn sicrhau gobaith tua'r dyfodol.

Yn y gyfrol *Syched am Sycharth*, ceir dwy gerdd o eiddo Iwan sy'n dangos yn glir ei fod yn gwybod bod grym beirdd a barddoniaeth ddoe a heddiw yn gorchfygu'r grymoedd dinistriol hynny, a sicrhau bodolaeth barhaus i'r hyn a fyddai fel arall yn golledig a mud. Yn 'Sycharth' a 'Glyndyfrdwy' dangosir mai yng ngeiriau'r beirdd y mae hen lys Sycharth yn fyw yn ein cof ni heddiw. Yn wir, mae holl draddodiad pensaernïol Cymru wedi ei gadw yng nghân Iolo Goch i'r llys. Trwy ganu i Sycharth, llwyddodd hwnnw i

> ailgodi, ag odl a chynghanedd,
> ogoniannau Dulyn a'r cyfandir ...

> a chreu â'u mesurau gaer
> i warchod teulu a chydnabod
> a chynnal tras.[16]

Heb i'r bardd ganu'r un gerdd hon, beth y byddem ni'n ei wybod am lys Sycharth? Mae'n debyg y byddai ein holl werthfawrogiad o Owain Glyndŵr yn wahanol iawn heb ymyrraeth y beirdd. Dywed Iwan Llwyd mai'r farddoniaeth a'r geiriau yw'r hyn sydd wedi cynnal Owain Glyndŵr, enwau Sycharth a Glyndyfrdwy yn ein cof cyfan fel cenedl,

> nid meini roed yma unwaith
> ond hoelion trymion yr iaith.

Os gall barddoniaeth oroesi rhaib rhyfeloedd a'r canrifoedd, fe welwn hefyd yng ngwaith Iwan rym y bardd a'i gerddi i allu trechu marwolaeth a chanu'r ymadawedig i'r cof. Yn 'Meini' mae'r bardd yn collfarnu'r Cymry am 'ofni beirdd' wrth fynd ati i 'balmantu traffyrdd ein concwerwyr', ond gall ddatgan yn gadarn mai

> rhoi cig ar gerrig mewn cae
> yw gwaith beirdd, a gwaed mewn gwythiennau,
> rhoi i feini gleddyfau.[17]

Os gall unrhyw un ddeffro'r Cymry o'u perlewyg, y beirdd all wneud hynny. Gwneir hynny trwy ganu nid yn unig i'r meini hanesyddol sydd yn ein hamgylchynu ym mhobman yng Nghymru, ond i'r bobl sydd o'n cwmpas ni yn y presennol, y Gymru fyw sy'n eiddo inni, waeth pa mor farwaidd yw honno. Rydan ni 'nôl yn 'cynhyrchu'r freuddwyd' unwaith eto.

Mae angen i'r beirdd, yn nhyb Iwan Llwyd, ddilyn ôl traed breuddwydwyr mawr fel Iolo Morganwg ac, o fapio a chofnodi ein lle yn y byd, i beidio â bod ag ofn yr hyn sy'n newydd ac anghyfarwydd inni. Yn 'Mapio (1)' mae

> Gosod enw ar bapur,
> cofnodi rhaeadr ac afon,
> yr wyddor o hawlio tirwedd a lle[18]

oll yn rhan o'r hyn sy'n gwneud bardd yn fardd, yn rhan o'i waith yn canu'r byd i fodolaeth. Trwy fod wedi gwneud hyn mae gan y bobl sy'n eu canlyn lwybr i'w ddilyn; a dyna pam,

AWEN IWAN

trwy gof ar y cyd, 'does ar y brodorion ddim angen mapiau'. Ond serch hynny, mae angen arloeswyr fel Iolo a Francisco de Orellana ar bob cenedl, pobl sy'n fodlon mynd lle mae'r enwau'n diflannu. Fel y dywed Iwan yn chwareus:

> o leiaf fe wyddon ni o ble y daethom
> (diolch i Iolo),
> hyd yn oed os nad oes gynnon ni glem
> i lle 'dan ni'n mynd.

Fe ddown yn ôl at 'Gwreichion' yn sydyn cyn cloi. Refferendwm 1979 yw cyd-destun y gerdd 'Hendref' yn y casgliad hwn. Ond mae'n stori sy'n hen gyfarwydd ac ysywaeth yn dal yn rhan o'r seici Cymreig hyd yn oed ar ôl dau refferendwm arall a fu'n llwyddiannus. Mae tueddiad gan y Cymry 'i wrando / marwnadau a chlosio'n nes at gymar a chynefin' ac i

> [g]asglu'n dyrrau hunandosturiol heb yr hyder
> i weiddi geiriau newydd a gwironeddau
> 'all flodeuo a deffro bob dydd er gwaetha'r tywydd.[19]

A dyna her holl yrfa farddol Iwan: ceisio dad-wneud hyn, canu i'r byd a welai o'i gwmpas a'i adfywio; cynnig gwreichion o obaith iddo. Roedd Iwan yn hyn o beth yn dipyn o filwr geiriau; dyma oedd ei frwydr. Mae'r cerddi'n gorymdeithio o hyd.

Dyna yw pwysigrwydd Iwan fel bardd heddiw, gan ei fod yn cynnig her i'r beirdd sy'n ei olynu: bod angen iddynt

OSIAN RHYS JONES

ddod o hyd i'r man lle mae'r ffiniau eto'n cael eu hail-lunio, lle mae'n rhaid i'r Cymry ailddarganfod y bylchau a'r seibiannau lle mae straeon i'w hadrodd a breuddwydion a gobeithion yn dal i lechu. Yn 'Y Golomen (2)', sy'n cloi'r gyfrol *Dan Ddylanwad*, mae'r gerdd bron fel her i fynd ati i ffeindio'r trywyddau hen a newydd a ddaw:

> rywdro, adre,
> heibio i lwch tristwch tre – ar adenydd
> a her newydd yr hen siwrneie.[20]

Lôn un ffordd tua'r dyfodol sydd gennym, ond mae'n rhaid i'r ffordd honno fod yn estyniad i'r mapiau sydd gennym eisoes o enwau a lleoedd a phobl. Mae'n rhaid i'r hen gylchoedd ganu, ond rhaid hefyd i ni ganu cylchoedd newydd i'n heddiw a'n hyfory ein hunain. Canwn!

# Nodiadau

1 'Bardd', *Be 'di Blwyddyn Rhwng Ffrindia?*, t.102

2 *The Songlines*, Bruce Chatwin (Picador, 1988), tt.80–82

3 'Castell Henllys a Nanhyfer', *Dan Ddylanwad*, t.115

4 'Yng Ngwlff Mexico', T. H. Parry-Williams, *Cerddi* (Gwasg Aberystwyth, 1931), t.27

5 'Far Rockaway', *Dan Ddylanwad*, t.17

6 *Used Songs 1973–1980*, Tom Waits (Rhino Entertainment Company, 2001)

7 'Angylion', *Bol a Chyfri Banc*, t.40

8 'Bardd', *Be 'di Blwyddyn rhwng Ffrindia?*, t.102

9 'Y wers', *hanner cant*, t.30

10 'Miami Beach', *Rhyw Deid yn Dod Miwn*, t.96

11 'Harley Davidson', *Dan Ddylanwad*, t.28

12 'Ar y groesffordd', *Dan Ddylanwad*, t.69

13 'Derbyn cyfrifoldeb', *Dan fy Ngwynt*, t.12

14 'Paradwys', *Be 'di Blwyddyn Rhwng Ffrindia?*, t.50

15 'Chwarae golff', *Dan Ddylanwad*, t.63

16 'Sycharth' a 'Glyndyfrdwy', *Syched am Sycharth*, t.22

17 'Meini', *Dan fy Ngwynt*, t.39

18 'Mapio (1)', *Be 'di Blwyddyn Rhwng Ffrindia?*, t.112

19 *Cyfansoddiadau a Beirniadaethau Eisteddfod Genedlaethol Cwm Rhymni 1990*, t.38

20 'Y Golomen (2)', *Dan Ddylanwad*, t.126

OSIAN  RHYS  JONES

'Ei dweud hi
fel y mae'

# O DIR NEB
# I'R TIR
# CYFFREDIN

*Llion Jones*

Er gwaetha'r ddelwedd y bu Iwan Llwyd yn ei thaflunio ohono ef ei hun fel hobo blêr a digyfeiriad, y mae rhyw gymesuredd annisgwyl i'w ganfod yn ei yrfa lenyddol: y math hwnnw o gymesuredd sy'n perthyn i un â hyder yn ei genhadaeth, difrifoldeb yn ei amcan a sicrwydd yn ei gerddediad.[1] Mae'n wir bod 'chwilio'r hewl ddi-ddychwel i rywle' yn fotiff canolog yn ei waith,[2] ac mae'n wir hefyd ei fod yn pwysleisio droeon mai'r hewl neu'r lôn ei hun yw'r breuddwyd mewn gwirionedd, ond hyd yn oed wrth gipio'i wobr lenyddol gyntaf o bwys, yr oedd y bardd ifanc eisoes fel pe bai'n synhwyro i ba gyfeiriad yn fras y gorweddai'r 'rhywle' neu'r Eldorado honno, ac yn sicr yn ymwybodol o natur y daith a oedd yn ei wynebu fel artist creadigol o Gymro. Yn un ar hugain mlwydd oed, gyda bwrlwm y saithdegau yn parhau i adleisio rhwng llinellau'r gerdd a enillodd iddo gadair Eisteddfod Ryng-golegol Bangor 1979,[3] mapiwyd ganddo nid yn unig fan cychwyn y daith honno, ond hefyd yr her yr oedd ef a'i gyfoedion creadigol yn benderfynol o'i hannerch:

> Mynnwn ninnau, yn y tir tywyll
> Agor ein ffenestri i'r gwyll, ...
>
> A'r gerdd hithau'n ei gwendid
> A gaiff gyfeiriad, ac iaith a gwrid;
> Yr hon fu gynt yn gyfyng a brau
> A gaiff waed yn ei gwythiennau.[4]

Yn symbolaidd, fe'i cadeiriwyd naw niwrnod wedi refferendwm 1979 ac ychydig wythnosau cyn i Margaret Thatcher groesi trothwy 10 Downing Street am y tro cyntaf. Dyma'r 'tir tywyll' y mae pererindod farddol Iwan Llwyd yn cychwyn ohono, y 'tirlun gwag a difreuddwydion'[5] hwnnw a ddeilliodd o chwalfa'r refferendwm ar ddatganoli; a'r flwyddyn honno y crisialwyd ei harwyddocâd mewn modd mor gofiadwy yn 'Gwreichion', sef y casgliad cerddi a enillodd iddo maes o law goron Eisteddfod Genedlaethol Cwm Rhymni yn 1990. Yn y dilyniant cyfoethog hwnnw, a luniwyd gerdd wrth gerdd yn ystod y degawd 1979–1989, gosododd Iwan Llwyd y cyweirnod ar gyfer crynswth ei yrfa lenyddol. Yn hynny o beth, ac yn groes i'r hen ystrydeb, nid mynd o'i wobr at ei waith fu ei hanes fel bardd; yn hytrach, gyda hyder un a oedd eisoes wedi canfod nodau'i gân, aeth â'i waith a'i weledigaeth at y wobr.

Wedi'i fframio gan Brolog ac Epilog sydd, trwy gyfeiriadau at farwolaeth yr awdur Bruce Chatwin a'i gofnod o fythau creu yr Aborijiniaid, yn pwysleisio'r angen am weledigaethau artistiaid creadigol, y mae'r casgliad wedi'i batrymu ar ffurf cyfres o un ar ddeg o olygfeydd. Mae'r *snapshots* hynny, fel y cyfeiriodd y bardd ei hun atynt, yn dirwyn fesul tri mis ar ddeg o ddyddiad y refferendwm ar Ddydd Gŵyl Dewi 1979 i Ddydd Calan 1989, ac yn dod at ei gilydd i adrodd hanes un fam a'i phlentyn.[6] Yng ngolygfa agoriadol y casgliad, 'Golygfa 1: Mawrth 1979 Angladd', a leolir mewn mynwent wyntog ym Môn (sir a etholodd Dori o Sais yn Aelod Seneddol ym mis Mai 1979), nid tystio i gladdu un hen amaethwr y mae'r fam, ond ffordd gyfan o fyw. Wrth i'r gwynt a'r glaw '[g]ipio gweddïau o enau'r gweinidog',[7] y mae awgrym diamwys fod seiliau a gwerthoedd y Gymru a fu ohoni yn gwegian, a'r traddodiad anghydffurfiol a fu'n gymaint rhan o wneuthuriad y Gymru honno wedi methdalu, ac yn analluog i gynnig atebion i argyfwng yr hunaniaeth genedlaethol. Atgyfnerthir yr awgrym yn nhrydedd olygfa'r casgliad wrth i eiriau oedfa'r hwyr '[d]agu uwch y seti gwag' a'i hemynau 'ymgiprys â chlec y glaw ar y ffenest' tra clywir seiren ambiwlans nos Sul yn rhuthro 'o'r tu arall heibio'.[8] Wrth fwrw golwg yn ôl ar y cyfnod, fel hyn y crynhodd Iwan Llwyd realiti'r sylweddoliad hwnnw, gan gadarnhau yn y broses farn Wiliam Owen Roberts mai 'cerddi ôl-genedlaetholdeb Cristnogol gwledig'[9] a geir yn 'Gwreichion':

Roedd yn rhaid i ni greu ein hystyr ein hunain i Gymreictod. Roedd refferendwm 1979 wedi dangos nad oedd modd diffinio Cymru yn ôl yr hen ganllawiau. Roedd y Gymru honno wedi darfod amdani. Roedden ni'n ôl ym mlwyddyn un.[10]

Ac yntau'n fab y mans a fagwyd 'ym mynwes y capel a'r Ysgol Sul, yr eisteddfod leol, yr Urdd a'r Band of Hope',[11] ac yn fardd yr oedd llawer o rin a chadernid ei arfogaeth farddol yn deillio o'r union gefndir hwnnw, yr oedd eironi'r sylweddoliad yn brathu.

Fel yr awgrymwyd, y mae'r ymdrech hon i greu Cymru newydd o groth yr hen Gymru farw, sy'n gwbl ganolog i 'Gwreichion', yn llinyn arian sy'n dirwyn hefyd o'r naill ben i yrfa farddol Iwan Llwyd i'r llall. Wrth ddewis troedio ymlaen o dirlun diffaith 1979, roedd y bardd yn ymateb yn uniongyrchol i'r her ingol a oedd yn ymhlyg yng ngherddi Ianws T. James Jones a Jon Dressel, drannoeth y chwalfa fawr:

Onid iawn yw i ninnau 'nawr gymryd ein cymathu?
Ni chlywai neb ond nyni boen y drin,
a byr o boen fyddai.
Can gwanwyn eto, a bydd yr holl golledion
dan gloeon hen glai hanes,
ynghyd â'n cywilydd.
Cenedl arall a geiriau newydd a gân
gerdd i ddydd dychwel yr haul.[12]

Fel y tystiodd Iwan Llwyd yn ddiweddarach, yn narogan enbyd Ianws yr oedd man cychwyn ei linell cân ef ei hun, ac roedd y ffaith fod mân reolau'r sefydliad eisteddfodol wedi dod rhwng cerddi Ianws â'r gynulleidfa y bwriadwyd hwy ar ei chyfer, yn sicr yn rhoi awch i'w genhadaeth:[13]

> O edrych i waelod y pydew, mae gobaith ailgodi. Gofynnodd Ianws gwestiynau caled ar adeg anodd ... Ac o'u gofyn, galluogwyd cenhedlaeth newydd o feirdd i chwilio cyfeiriadau a delweddau newydd er mwyn ymateb i gyfnod o newid a gwrthdaro cymdeithasol a gwleidyddol na welwyd ei debyg er y 30au.[14]

Wrth adleisio Berthold Brecht gyda'i awgrym fod y blynyddoedd ôl-refferendwm yn 'adeg anodd' i feirdd a barddoniaeth,[15] roedd y bardd yn cydnabod nad oedd dyddiau heulog y chwedegau a'r saithdegau y cyfranogodd ef gymaint o'u bwrlwm, bellach yn ddim ond 'hen luniau wedi melynu'.[16] Roedd 1979, fel y darluniwyd ganddo yn y gerdd a enillodd iddo gadair Eisteddfod yr Urdd yn 1980, yn atalnod llawn ar ymdaith hyderus dau ddegawd ac yn derfyn ar fap hanes.

> Bu yma antur unwaith,
> ac angerdd hil
>           a fynnai fyw:
> ei gwaed yn llifo'n
> gyforiog o ynni ei hanes
> trwy'r gwythiennau gwydn.

LLION JONES

Bu yma serch a siom
ac enfys o liwiau'n
  eirias a lleddf;
    yn goelcerth o gerdd.
Ond llosgodd y tân yn isel
a phylwyd min y fflam.[17]

Yn ei gyrch i chwilio am y 'cyfeiriadau a delweddau newydd'
a hawliai'r cyfnod, fe ganfu ei hun wyneb yn wyneb â'r un
math o gyfyngder ag a brofodd nifer o artistiaid creadigol
ei genhedlaeth, yn feirdd ac yn rocyrs, a hynny hyd yn
oed cyn i drawma 1979 eu taro. Ymhlith y rheiny yr oedd
rhai fel Geraint Jarman a greodd ddarlun o'r groesffordd
ddiwylliannol y cafodd ef ei hun yn sefyll arni yn ei gân
'Steddfod yn y Ddinas':

Caru Cymru fel pob Cymro
Ond mae'n anodd bod
Yn naturiol yn y pethe
Wrth im fynd a dod.[18]

Yn yr union Eisteddfod honno y clywyd hefyd gri un arall o
feibion creadigol y mans, Siôn Eirian. Yn y dilyniant cerddi
a enillodd iddo yntau goron Eisteddfod Genedlaethol
Caerdydd 1978, rhoddodd lais bloesg i'w rwystredigaeth
bersonol ef ynghylch anallu barddoniaeth Gymraeg cyfnod
ei lencyndod i gynnig y math o adlais i'w ing ag a gafodd
yng ngherddi beirdd 'hirwallt esgeulus' glannau Merswy,
beirdd fel Adrian Henri, Roger McGough a Brian Patten:

AWEN IWAN

y mae 'na bethau
nad oes gennym ni yng Nghymru
eiriau amdanynt.[19]

Ar lawer ystyr, taith i ganfod y geiriau coll rheiny gan un na fynnai ei gymathu yw hanfod awen Iwan Llwyd.

*Quo Vadis?* I ble'r ei di? Dyna'r cwestiwn a gymerodd y bardd yn deitl ar bumed olygfa'r casgliad 'Gwreichion'; cwestiwn a oedd yn greiddiol i hynt y fam yn y casgliad, ond cwestiwn a wyntyllwyd ganddo i'r eithaf hefyd mewn cerddi a cholofnau niferus wedi hynny. Fel sydd yn ymhlyg ym mabinogi Rhys, y plentyn a genhedlwyd 'yn ochenaid rhwng y blodau a'r bedd'[20] yng ngolygfa agoriadol 'Gwreichion', yng Nghymru dechrau'r wythdegau, roedd hi'n fater o ddewis rhwng bwrw 'mlaen nes 'cleisio gwar y ddegad nesaf'[21] neu gilio 'gan fwytho'n clwyfau / i'r caerau a'r cuddfannau ffyddlon i wrando / marwnadau a chlosio'n nes at gymar a chynefin'.[22] Roedd yn ddewis syml rhwng y blodau a'r bedd.

Mewn cerdd sy'n perthyn yn fras i'r un cyfnod, '11.12.82', mae arwyddocâd y dewis rhwng y ddau begwn yn cael ei ddarlunio'n groyw. Wrth ddisgrifio awyrgylch feichus cyfarfod a gynhaliwyd yng nghysgod y maen yng Nghilmeri i gofnodi saith canmlwyddiant marw Llywelyn ein Llyw Olaf, mae rhwystredigaeth y bardd ifanc (a oedd yn ei ugeiniau ar y pryd) i'w deimlo'n gryf, wrth iddo amlygu pwyslais y cyfarfod ar geisio lloches yn y gorffennol, a hynny yn erbyn cefnlen o dirwedd a thywydd gaeafol. Mae'r 'dail yn diferu atgofion', y 'dydd yn gymylau gwelwon' a thraed y dorf 'bron fferru'n eu hunfan'. Yn drosiadol, mae'r bardd yn cyfleu cenedl sy'n llesg gan siom ac yn amddifad o'r hyder i allu cerdded 'mlaen tua'r dyfodol:

> saith canrif o gyfri'r
> colledion yn dawel,
> ac edrych i'r gorwel yn ddistaw:
>
> aeth saith canrif yn ddistaw
> ger carreg Cilmeri,
> a'r awel ar rewi llif Irfon.[23]

Fel y mae'r rhew wedi carcharu afon Irfon, felly hefyd y mae'r bardd yn cyfleu'r modd yr oedd yr ymdeimlad o ddadrith fel pe bai wedi caethiwo dyheadau a breuddwydion Cymru dechrau'r wythdegau. Cadarnheir yr ymdeimlad hwn o ddiymadferthedd gan y darlun o dorf sy'n sefyll 'yn ddistaw' 'ar erchwyn dibyn' ac yn gorfod bodloni ar 'sôn am orchestion hen oesau'. Dyma aeaf cenedl ym mhob ystyr.

Mae naws y gerdd, fodd bynnag, yn cael ei throi â'i phen i waered yn y pennill olaf, gyda chri baban yn torri drwy'r areithiau pruddglwyfus gan 'chwalu'r distawrwydd' a chwalu hefyd yr ymdeimlad o lesgedd trwy orfodi ymateb i 'her canrif newydd'.

> ... yna bloeddiodd y baban
> a thoddi'r gaeafddydd,

a chwalu'r distawrwydd,
a her canrif newydd yn nychryn ei waedd.[24]

Yn union fel y mae'r plentyn Rhys yn y dilyniant 'Gwreichion'
yn symbol o oroesiad, felly hefyd y mae sgrech y plentyn yn
y gerdd hon yn cynrychioli'r rheidrwydd i hawlio dyfodol,
nid trwy obeithio'n ddall na thrwy gefnu ar gyfoeth y
gorffennol, ond trwy fagu hyder yng ngwytnwch diwylliant
sydd wedi llwyddo i addasu a phlethu'r hen a'r newydd ar
draws y canrifoedd. Yn drosiadol, mae bloedd y baban, fel
dyrnau bach Rhys, yn cynrychioli awen y bardd.

Yn y cyswllt hwn, y mae'r daith ar hyd yr A55 a ddarlunnir
yn wythfed olygfa 'Gwreichion' yn hynod arwyddocaol. Yn y
disgrifiad o'r modd y mae'r lôn honno yn torri ei llwybr
rhwng bryniau Hiraethog a'r arfordir, rhwng cysgodion
canrifoedd o draddodiad llenyddol a chrefyddol a goleuadau
Rhyl a glannau Merswy, y mae awgrym clir o drywydd y
llinell cân a fapiwyd gan Iwan Llwyd ei hun:

yn bwrw i'r dwfn,
gwasgu fy ngwadn i'r gwaelod
a gweld fy nghyfle yn y lôn gyflym

i ddilyn yr arfordir adre,
a'r gwreichion goleuadau
sy'n darth rhwng y Gogarth a'r gwyll

yn llinyn bogail yn fy nghynnal
rhwng chwedlau brau y bryniau llwyd
a mudandod y môr.[25]

LLION JONES

O gyffordd 1979, ar hyd y lôn hon rhwng dau fyd y dirwynodd cerbyd ei awen, rhwng diwylliant cysefin a'i gefn at y mur a diwylliant byd-eang cynyddol unffurf ac arwynebol ei natur. Ac yn cyfeirio'r daith, yr oedd y genhadaeth honno a leisiwyd ganddo droeon yn ei golofn yn *Barddas*:

> Dan haul llachar y byd cyfoes, mae'n rhaid i'r diwylliant Cymraeg chwarae'r peiriannau pres ar brom y Rhyl yn ogystal â gwarchod y llestri gorau.[26]

'Ffin-goror-lle am drwbwl bob amser', meddai un o'i arwyr llenyddol pennaf.[27] Efallai'n wir, ond yn achos Iwan Llwyd, fel ag yn achos awdur y geiriau ei hun hefyd, bu ffiniau, mewnol ac allanol, yn rymoedd creadigol iawn. O'r gororau rhwng bydoedd gwahanol, yn ieithyddol a diwylliannol, yn gymdeithasol a gwleidyddol, y deillia llawer iawn o'r egni a'r gwrthdaro hanfodol yng ngherddi Iwan Llwyd, wrth iddo ddyfalbarhau â'r hyn a fu'n gyrch di-ildio ar hyd y lôn hir o dir neb 1979 i gyfeiriad y tir cyffredin. Yn hyn oll, ni ellir llai na meddwl am y gerdd 'Bardd', a luniwyd yn fuan wedi Eisteddfod Cwm Rhymni yn 1990, fel rhyw lun o faniffesto barddol ar ei ran, yn bwrw golwg dros ei ysgwydd ar yr hyn yr oedd eisoes wedi'i gyflawni ac yn edrych 'mlaen yn hyderus dros riniog canrif arall.

Fuodd o rioed yn un i aros yn llonydd yn hir iawn.
Deuai'r anniddigrwydd heibio'n amlach wrth fynd yn hŷn ...

Mynnai roi ei ysgwydd yn erbyn y mur a thorri allan,
mynd ar wasgar i ddathlu'n cyd-fyw cymhleth, cyffredin ...

Bwrw'r llythrennau i'r tân
a gadael iddyn nhw lifo'n iaith newydd ar hyd yr aelwyd.
Eu herio i ganu'n dyheadau mwyaf cyfoes a chyffrous
er mwyn eu llusgo, dan sgrechian weithiau, i'r ganrif nesa.[28]

Yn y pwyslais ar 'ddathlu'n cyd-fyw cymhleth, cyffredin' y mae arlliw o un o'r elfennau hynny a fu'n gwbl ganolog i ddatblygiad gyrfa farddol Iwan Llwyd o'r cychwyn cyntaf, sef ei ymwybod cryf â chynulleidfa. Yn yr un flwyddyn ag y seiniodd Wiliam Owen Roberts rybudd yn ei gyflwyniad i gyfrol gyntaf ei gyfaill, *Sonedau Bore Sadwrn*, mai peth peryglus oedd i'r bardd 'ymddieithrio oddi wrth ei gymdeithas'[29] yr oedd Iwan Llwyd yn chwarae rhan flaenllaw yn y gwaith o sefydlu 'Y Babell Glên' answyddogol yn nhafarn y Bull, Llangefni, adeg Eisteddfod Genedlaethol Môn 1983. Yn y lle a roddwyd i ddarlleniadau barddoniaeth yn ystod y sesiynau prynhawnol rheiny yr oedd hedyn y syniad a ddygodd ffrwyth mewn teithiau barddoniaeth maes o law, megis *Fel yr Hed y Frân* (1986) a *Cicio Ciwcymbars* (1988), *Dal Clêr* (1991), ac yn ddiweddarach, *Y Ffwl Monti Barddol* (1998), *Syched am Sycharth* (2000–1) a *Taith y Saith Sant* (2002). Wrth fwrw golwg yn ôl dros chwarter canrif o gyflwyno'i gerddi gerbron cynulleidfaoedd amrywiol mewn ysgrif yn dwyn y teitl arwyddocaol 'Cydnabod Cynulleidfa', fel hyn yr eglurodd y bardd sut y datblygodd y genhadaeth yn y lle cyntaf:

Pan ddechreuodd criw ohonom deithio a pherfformio cerddi'n gyhoeddus yn nechrau'r 1980au, roeddem ni'n adweithio yn erbyn cyfnod hir arall lle'r oedd barddoniaeth i raddau helaeth wedi ei chyfyngu rhwng cloriau llyfrau a chylchgronau, neu'r ystafell ddosbarth a darlithio ... I raddau roedden ni wedi ein sbarduno gan dueddiadau cyfoes yn Lloegr ac America, sef mynnu ymateb cynulleidfa fyw i gerddi a chaneuon o bob math, yn ddwys a doniol, uniongyrchol a chymhleth.[30]

Eto, er cryfed galwad y genhadaeth hon, bu Iwan Llwyd yn gyson ymwybodol o'r angen i gadw golwg ar y perygl o 'osgoi sylwedd wrth geisio sylw',[31] neu'r duedd y cyfeiriodd Bobi Jones ati fel ymdrechion newyddiadurol y Gymru gyfoes i lywio'i llenyddiaeth i gyfeiriad cymeradwyaeth ddi-oed y dorf.[32] Dyma oror arall rhwng tir neb a'r tir cyffredin, y bu'r tyndra a ddeilliodd o'i dramwyo yn rym cadarnhaol iawn yng ngwaith y bardd. Er i Bobi Jones awgrymu'n bryfoclyd mai trwy gyfuno 'a serious muse and pub songs'[33] y llwyddodd Iwan Llwyd i gadw gafael ar ei gynulleidfa a'i ddifrifoldeb amcan, go brin fod y rhaniad mor ddu a gwyn â hynny. Yn sicr, mae'r sylw cyson a roddodd Iwan Llwyd i natur y berthynas rhyngddo a'i gynulleidfa, yn ei gerddi a'i golofnau fel ei gilydd, yn tystio'n groyw i'r ystyriaeth ddwys a roddodd i'r gwaith o daro ar briodas rhwng 'rhwyddineb cyfathrebol a thrwch delweddol awgrymus', chwedl Robert Rhys,[34] her a amlinellwyd ganddo droeon yn ei golofn yn *Barddas*:

Y sialens sy'n wynebu unrhyw un sydd am sgrifennu neu gyflwyno barddoniaeth yn y Gymraeg heddiw yw canfod iaith a chyfrwng sy'n caniatáu iddo / iddi fynegi ei deimladau / profiadau dyfnaf – a hynny drwy gyfrwng geiriau a delweddau cyfoethog, heb gael ei alw'n dywyll / amherthnasol / academaidd.[35]

Fel y cydnabu hefyd, dyma her nad oedd modd ei goresgyn ar chwarae bach:

Mae yna ddau beth sy'n pwyso ar unrhyw un sy'n sgwennu neu'n cynhyrchu rhywbeth trwy gyfrwng y Gymraeg: mae eisio trio bod yn ddidwyll ac yn gydnaws â'r hyn rydech eisio'i ddeud ond hefyd mae'r pwysau arnoch chi i drio cyrraedd cynulleidfa. Mae'r ddau beth yn aml iawn yn brwydro yn erbyn ei gilydd.[36]

Ar ben hynny, gwyddai Iwan Llwyd o'r gorau fod yr hyn a ymddangosai yng ngwyll diwylliannol y cyfnod fel difaterwch ar ran ei gynulleidfa yn dwysáu'r sialens. Mae'r cwestiwn sy'n agor ei gerdd 'Barddoni (yn Gymraeg)' yn taro nodyn digon tebyg i'r un a seiniodd ei gyd-Fangoriad Gwyn Thomas yn yr un cyfnod, pan ddywedodd wrth adolygu casgliad o gerddi gan Alan Llwyd fod 'ysgrifennu cerddi'n debyg iawn i anfon negesau i'r gofod – 'does yna ddim ymateb am nad oes yna neb yn eu darllen'.[37] Yr un yn ei hanfod yw'r rhwystredigaeth yng ngherdd Iwan Llwyd:

LLION JONES

Ydi o fel bod mewn pub yn Llundan?
Ydi o?
Y siarad unig â thi dy hunan
a neb yn gwrando:
heb yno neb a wybu adnabod,
neb yn perthyn,
a'r geiriau'n cronni cyn suddo
i waelod diod rhywun.[38]

Troediodd i'r un cyfeiriad mewn cerdd ddiweddarach, gydag awgrym hefyd o'r peryglon a oedd yn wynebu diwylliant a oedd wedi penderfynu troi clust fyddar at ei beirdd:

O dop ei dŵr
datganodd Seithennin
gerdd yn ei gwrw:

ac fel arfer
ni chynhyrfodd hi
na'r llwynau na'r llanw.[39]

Dychwelodd y bardd at ddelwedd y gwyliwr ar y tŵr mewn cerdd a gyhoeddwyd am y tro cyntaf ar glawr rhaglen ei ddrama lwyfan *Hud ar Ddyfed*.[40] Er mai cyd-destun y gerdd a'r ddrama yw'r argyfwng a gafwyd yng nghefn gwlad Cymru yn ystod yr wythdegau o ganlyniad i fewnfudo a diboblogi, y mae'n demtasiwn i uniaethu'r bardd ei hun â delwedd y stiward styfnig:

Mae rhywrai'n herio'r trai ar y traeth,
rhywrai ym mhob cenhedlaeth
yn styfnig eu stiwardiaeth:

... o ben hwylbren llawen y llwyth
gweld tŷ hael a gweld tylwyth,
gweld eu hunlle yn danllwyth

ar draeth, a'r mwg yn diriaethu
ofnau ddoe yn golofn ddu,
gweld diogelwch goleudy:

y rhai a wêl acw'n rhywle,
wedi'r fordaith, y gefnffordd adre
'n anwylo'r wlad, o le i le:

mae rhai yn herio'r trai a'r tir aeth
yn dywodlyd dreftadaeth:
y rhai a wêl drwy farwolaeth.[41]

Cyflwynodd ei her dros gyfnod o ddeng mlynedd ar hugain mewn saith cyfrol unigol o gerddi ynghyd â nifer o flodeugerddi a detholiadau eraill. Er bod y gefnffordd adre yn dirwyn drwyddynt i gyd, ni ellir llai na sylwi fel y newidiodd dull y bardd o gyrchu'r gefnffordd honno wrth i'w yrfa fynd rhagddi. Yn ei ddwy gyfrol gyntaf, *Sonedau Bore Sadwrn* a *Dan Anesthetig*, mae modd gweld dwy gainc bendant iawn i'w ganu, sef y canu telynegol mwy ymataliol ei natur a'r canu gwleidyddol mwy ymgyrchol ei ogwydd. Tra bo'r canu telynegol wedi'i wreiddio mewn profiad neu deimlad personol, mae'r canu gwleidyddol cynnar yn codi'n uniongyrchol o ystyriaethau cymdeithasol y cyfnod. Mewn cerddi fel 'Wedi'r angladd', ceir y math o ddiffuantrwydd teimlad ac awgrymusedd delweddol sy'n elfennau mor annatod o rin awen delynegol y bardd:

Agor y llenni
a gad y golau i mewn,
a'r dydd i ddawnsio lle bu'r dioddef:

agor y ffenest
a gad i'r gwynt chwythu
llygredd y stryd i gyrion y 'stafell,

a dwyn o'i ddyfod
beth o nerth berw'r byd
a'r bywyd newydd sy 'mhob dihoeni.[42]

Yna, mewn cerddi cymdeithasol fel 'Trais a threfn' wedyn, ceir yr ymadroddi gafaelgar a heriol wedi'i waelodi yn y ddynoliaeth honno sy'n rhan mor anhepgor o'i weledigaeth fel bardd:

ac mae trais yn magu'n
y corneli llaith
a'r bobol yn chwalu 'ngweddillion
cartrefi a chymunedau
a chyfraith a threfn yn llifo o enau
gwleidyddion a herwgipiodd
eu gwaith, eu gobaith, eu gweddïau.[43]

Camp Iwan Llwyd a phenllanw ei ddatblygiad fel bardd yw iddo lwyddo i asio'r ddwy gainc ynghyd mewn awen sy'n crisialu ymateb personol i newidiadau yn yr hinsawdd ddiwylliannol a chymdeithasol ehangach. Erbyn *Dan fy Ngwynt, Dan Ddylanwad a hanner cant*, y mae'r math o delynegu gwleidyddiaeth a gafwyd yn 'Gwreichion' yn nodwedd ganolog o'i waith. Trwy wreiddio ei ymwybyddiaeth wleidyddol a diwylliannol mewn profiadau a theithiau personol, llwyddodd i fapio, ar batrwm *songlines* yr Aborijiniaid gynt, nid yn unig ei bererindod ef ei hun, ond hefyd bererindod cenhedlaeth o Gymry ifanc a ddaliwyd mewn gwactod diwylliannol a gwleidyddol wrth iddynt ymbalfalu ar drywydd y dyfodol:

> Mae'n cerdded y llwybrau a'u canu'n rhwydwaith o fan i fan
> Mae'n ceisio mapio'r anghyfannedd.
> Hyd yn oed yno, daw'r llwybrau o hyd i'r wyneb.
> Yn haen ar haen, fel y rhai o'i flaen daw eraill ar ei ôl.
> Yn ei dro aiff yntau'n un â'i lwybr,
> a chanu ei gân a chanu gwlad â phob cam.[44]

Fel un a brofodd ddylanwad y Gymru wreiddiedig wâr, ond a gafodd flas yr un pryd ar ddyfodiad diwylliant poblogaidd rhyngwladol y chwedegau a'r saithdegau, llwyddodd i ddynnu oddi ar y naill fyd a'r llall yn ei waith a chreu egni o'r tyndra rhyngddynt. Mae lle i Ginsberg a Gwenallt, Bob Dylan a Bob Williams Parry, Tom Waits a Thomas Parry-Williams fel ei gilydd yn ei eglwys ef, a lle i Fangor Gwynedd a Bangor Maine ar ei fap. Mewn cynifer o ffyrdd y mae'n 'fardd *sans frontière*; yn fardd a'i filltir sgwâr yn fyd-grwn'.[45] Yn wir, un o'r elfennau mwyaf cyffrous yn ei waith yw ei ddawn i gyfosod elfennau o fydoedd gwahanol mewn cyd-destunau diarth. Mae'n gwrando Bob Delyn ym maes awyr Manceinion, yn dwyn ynghyd Rhiannon y Pedair Cainc a

Rhiannon Fleetwood Mac mewn tacsi yn Haight Ashbury, yn adleisio Hedd Wyn yng nghelloedd Alcatraz, ac yn prynu rownd i Dafydd Iwan, Hiawatha, Llywelyn a Sitting Bull mewn bar hanner gwag yn Nashville ar brynhawn Mawrth blin. Ac er bod y bardd yn y gerdd 'Dan ddylanwad' yn tystio bod yr enwau Americanaidd yn ei gyfeirlyfr diwylliannol yn 'fwy cyfarwydd erbyn hyn / nag enwau Palestina neu Rodd Mam',[46] mae'r gymhariaeth ynddi'i hun yn ddadlennol.

Fel un a lamodd am y tro cyntaf o stabal 'Y Beirdd Answyddogol' gyda'i gyfrol *Sonedau Bore Sadwrn*, ac fel un a gysylltwyd gyda thwf a datblygiad y teithiau barddoniaeth a'r darlleniadau cyhoeddus o'r wythdegau ymlaen, mae'n deg dweud na thalwyd gwrogaeth ddigonol i grefft Iwan Llwyd fel bardd. Gyda synnwyr trannoeth, fel yr awgrymodd Gerwyn Wiliams, gellir gweld fel y bu'r bathodyn 'answyddogol' a wisgodd y gyfres honno yn llabed ei chôt 'yn faen tramgwydd' a'i gwnaeth hi'n 'hawdd i feirniaid beidio ag ystyried o ddifrif gyfraniad beirdd difri fel ... Iwan Llwyd'.[47] Mae'r olwg fwyaf sgleintiog ar y corff sylweddol o waith a gyhoeddwyd yn ei enw, fodd bynnag, yn datgelu helaethder rhyfeddol ei adnoddau barddol. Fel telynegwr, cywyddwr, sonedwr, englynwr, vers-librwr, rhigymwr, a cholbiwr y blŵs 12 bar hyd yn oed, mae ei drawiad yn sicr, a'r rhin anniffiniadwy honno sy'n perthyn i'w lais barddonol unigryw ei hun yn bresenoldeb cyson a chysurlon. Fel pob cerddor blŵs da, mae'i grefft yn dwyllodrus o syml, a'r rhin, yn fynych iawn, yn yr ymatal. Eto, fel pob cerddor blŵs o bwys, y mae ganddo hefyd y ddawn brin honno i ganfod rhyddid o fewn patrymau gosod, gan roi adenydd i'w awen.

Yn hyn i gyd, mae perthynas y bardd â'r gynghanedd yn ddadlennol. Er iddo'i meistroli yn fyfyriwr ifanc ar frig ton dadeni cynganeddol y saithdegau, mae'n ymddangos iddo wneud penderfyniad bwriadol i beidio â'i harddel yn ei gyfrolau cynharaf, yn ei ffurfiau a'i mesurau traddodiadol beth bynnag. Un englyn yn *Sonedau Bore Sadwrn* (1983) ac un arall (mewn print wedi'i italeiddio) yn y gyfrol *Dan fy Ngwynt* (1992) yw swm a sylwedd y canu caeth ffurfiol a geir yn ei dair cyfrol gyntaf. Gellir damcaniaethu'n weddol hyderus fod a wnelo hynny â'r modd y tueddwyd i gysylltu'r gynghanedd ar ddechrau'r wythdegau â'r ymateb mwy amddiffynnol a gwrthgiliol a gafwyd i chwalfa 1979, ymateb a gynrychiolwyd ar y maes llenyddol ar y pryd gan Barddas, y Gymdeithas Gerdd Dafod, ac a amlygwyd hefyd yng nghywair lleddf a galarus nifer o awdlau eisteddfodol y cyfnod. Fel y dadleuodd Gerwyn Wiliams,[48] yr oedd y cenedlaetholdeb adferol ei natur a oedd yn sail i bwyslais Barddas ar draddodiadaeth am y pegwn arall ag awgrym y bardd ifanc a'i gyfaill Wiliam Owen Roberts fod 'glynu wrth foddau mynegiant y traddodiad'[49] yng ngwactod Cymru'r cyfnod yn gyfystyr â chladdu pen yn y tywod. Mewn cerdd i gyfarch bardd ifanc coronog Eisteddfod Genedlaethol Maldwyn 1981, Siôn Aled, trawodd Iwan Llwyd ar ddelwedd gyrhaeddgar i ddarlunio tuedd a ystyriai ef yn ddim llai na dallineb diwylliannol:

> Cawsom ein chwistrelliad
> o adrenalin blynyddol
> ar ddechrau Awst eleni eto;
>
> yfasom gwrw'r hafod
> a byw'n fras
> ar gynhaeaf y gân a'r gynghanedd
> cyn dychwelyd i'r hendref yn fodlon:
>
> buom yn smocio pot ein prifwyl
> ac fe gymerith aeaf arall
> inni ddisgyn o'n perlewyg gwirion
> i fwd rhyw faes.[50]

Hyd yn oed yn ei gerddi cynharaf, fodd bynnag, mae'n amlwg fod llawer o rin a grym awen Iwan Llwyd yn deillio o'i afael ar y gynghanedd. Digwydd hynny nid yn unig o ran y modd y mae cyffyrddiadau cynganeddol yn cael eu defnyddio mewn cerddi telynegol fel 'Traethau' i gonsurio naws briodol:

> Hen wraig yn cerdded hyd draeth
> diwethaf ei dydd,
> a'r machlud yn hudo'r
> haf i fwrw'i rwyfau.[51]

ond hefyd yn y modd y mae'r ddisgyblaeth sy'n deillio o'i afael ar batrymau a rhythmau cerdd dafod yn waelodol i lawer iawn o'r cerddi rhydd mwy egnïol a chyhyrog eu natur, megis y gerdd ddyfalu 'Y seithfed don':

> Yn y gwaelod
> dan wastraff y tomenni llechi
> dan erwau crin y bryniau
> lle mae'r gwynt fel pladur
> dan sodlau segur corneli'r stryd fawr
> dan dywod sychedig traethau'r trai.[52]

Yn y cyswllt hwn, ac wrth fwrw golwg yn ôl dros y blynyddoedd, bu'n rhaid i'r bardd ei hun gydnabod yr hyn sy'n amlwg iawn o ddarllen ei gerddi:

> Pan ddechreuais farddoni o ddifri' yn ôl yn oes dywyll '79, roeddwn i'n falch o herio'r 'hen do' gyda dalen newydd. Pa angen traddodiad a chynghanedd a threfn? Erbyn hyn, rhoddais heibio pethau plentynnaidd (wel, i ryw raddau), ac fe sylweddolais na fedr rhywun sy wedi ei fagu yn sŵn yr iaith a'i barddoniaeth ysgwyd llwch traddodiad a chynghanedd a chyfeiriadaeth oddi ar ei ysgwyddau.[53]

Datblygiad graddol fu'r dychweliad hwn at y gynghanedd fel cyfrwng, rhagor na dylanwad, yn ei waith, ond un a hwyluswyd gan gyfeiriad cyffredinol barddoniaeth Gymraeg y cyfnod. Pan dorrodd ail don y dadeni cynganeddol ar draethau ein llên ar ddechrau'r nawdegau yr oedd ei chenhadaeth y tro hwn ynghlwm wrth boblogrwydd cynyddol y canu cyhoeddus. Cynrychiolwyd ethos y dadeni newydd yn y cyfrolau a'r nosweithiau *Cywyddau Cyhoeddus*, ac mae'n arwyddocaol mai Iwan Llwyd (ar y cyd â Myrddin ap Dafydd) a gydolygodd y casgliad cyntaf yn y gyfres, a

LLION JONES

oedd hefyd yn cynnwys dau o'i gywyddau. Gyda phum cywydd pellach o'i waith yn yr ail gasgliad o *Gywyddau Cyhoeddus* a phedwar yn y trydydd, gwelwyd y canu caeth hefyd yn dechrau hawlio lle amlycach yn ei gyfrolau gyda thri chywydd a dau englyn yn *Dan Ddylanwad* a dogn sylweddol o gerddi ar y mesurau caeth yn *Be 'di Blwyddyn Rhwng Ffrindia?* a hanner cant, yn gywyddau, yn englynion unodl union, yn englynion milwr ac yn awdlau byr hyd yn oed. Fel y bu i ganu penrhydd Iwan Llwyd elwa o'i afael ar y gynghanedd, felly hefyd y mae'i ganu caeth yn elwa ar ryddid y bardd penrhydd. Yn ei awydd i osgoi cynganeddion gorchestol, yn ei bwyslais ar deimlad geiriau ac yn ei ddawn i oferu ystyr, llwyddodd Iwan Llwyd i daro ar arddull gynganeddol sy'n gydnaws â'i lais barddol ef ei hun, fel y gwelir yn y cameo nodweddiadol hwn o'r cywydd 'Tref':

> hen wreigen yn cau'r llenni
> ar olau'r haul, a'i pharlwr hi
> yn warws o hen greiriau
> dan drwch o d'wllwch, a dau
> gi mud ei chyn gymydog
> yn y llwch yn magu llog.[54]

Mae cerdd ddiweddarach fel 'Gadael' yn amlygu'r un nodweddion, ond yn dangos sut y gallodd hefyd greu synthesis deniadol o grefft cerdd dafod a chrefft y gân boblogaidd:

Y golau'n tywynnu'n y gwaelod,
y sŵn sy'n oeri cusanau,
y lôn sy'n cael hyd i loÿnnod
ym mhopeth, y grym sydd mewn mapiau.[55]

Yn hynny o beth, nid cyrchu'n ôl i le diogel ar hyd cefnffordd gyfarwydd y traddodiad barddol a wnaeth yn gymaint â thorri llwybrau newydd ar draws y gefnffordd honno. Mewn cerdd fel 'Ym Mae Ceredigion', lle mae llinellau hirion o gynganeddion cyflawn a braidd gyffwrdd yn cael eu gosod ochr yn ochr â llinellau digynghanedd o fewn caniadau unodl, gwelir y parodrwydd hwnnw i wyro oddi wrth gonfensiynau a phatrymau disgwyliedig sy'n nodwedd mor ddengar o'i farddoniaeth – tuedd sydd fel pe bai yn hwyluso taith y delweddau drwy ddychymyg y darllenydd:

A sêr tywyll yw 'nghysur tawel
fod mwy na gofod rhwng y lloer a'r gorwel
yn anterth y nos, a'r traethau'n isel,
a sŵn tonnau fel sacsaffôn mewn twnnel,
a cherrig a chregyn a chwrel
yn golchi i'r lan ar benllanw'r awel,
a minnau'n bell bell, heb waith, heb êl,
a genod o Lanuwchllyn ar stolion uchel
a sodlau peryg wrth y bar, a rhyfel
ar y teledu mud yn y gornel:

a'r gwynt yn codi, a'r tonnau'n cydio,
a'r cefnffyrdd tua'r de'n disgleirio'n
gynffonnau o yrwyr mud yn cymudo
fel llwch y sêr drwy'r t'wllwch i'n twyllo

LLION JONES

fod y lonydd cyfarwydd yn dal yno
yn rhywle, dan y niwl unffurf sy'n rhowlio'n
llanw o'r unigeddau i guddio
pob glesni, a'r golau'n cilio ...
i deithiwr diarth, a'r llethrau'n duo,
y sêr unig yw nghysur heno.[56]

Yng nghyswllt perthynas y bardd â'r gynghanedd, synhwyrir hefyd awgrym o'r newid a welodd y byd barddol a llenyddol yn ystod gyrfa lenyddol Iwan Llwyd. Darfu'r ymgarfanu a'r pegynu llenyddol a nodweddai Gymru'r wythdegau i raddau helaeth. Yng ngeiriau'r bardd ei hun 'daeth dyddiau diosg bathodynnau a byw'.[57] Fel un a ymrôdd yn ei waith i deithio gororau ac uno gwahanol gyrion, mae'n arwyddocaol fod trwbadŵr y teithiau barddoniaeth wedi dod hefyd yn fardd comisiwn sefydliadau cenedlaethol,[58] yn gywyddwr telynegol ar Dalwrn y Beirdd, yn athro barddol mewn ysgolion cynradd ledled Cymru, yn awdur geiriau nifer o ganeuon poblogaidd, yn englynwr mawl a marwnad 'at iws gwlad', ac ar ben y cyfan, yn golofnydd sefydlog i'r cylchgrawn *Barddas*. Yn y broses o geisio diffinio swyddogaeth a chyfeiriad y meddwl creadigol Cymraeg dros gyfnod o dros ddeng mlynedd ar hugain, cyfrannodd yn helaeth at y gwaith o ddi-ffinio ym myd celfyddyd a diwylliant yn gyffredinol.

Gydol ei yrfa, bu'n teithio'r gororau rhwng y gwahanol gelfyddydau. Fel un a fu'n aelod o'r grwpiau Doctor, Geraint Løvgreen a'r Enw Da a Steve Eaves a'i Driawd, yn sgriptiwr

AWEN IWAN

teledu a llwyfan, bu chwalu'r muriau rhwng y gwahanol gelfyddydau a cheisio harneisio'u holl rym ynghyd yn genhadaeth gyson ganddo. Diriaethodd y genhadaeth honno mewn sawl dull, ond yn arbennig felly yn y modd yr aeth ati i gydweithio ag artistiaid a ffotograffwyr yn ei gyfrolau. Yn sicr, y mae'r modd y mae darluniau Iwan Bala yn *Dan Anesthetig*, lluniau Martin Roberts yn *Dan fy Ngwynt*, printiau du a gwyn Anthony Evans yn *Dan Ddylanwad*, lluniau Marian Delyth yn *hanner cant* a darluniau Catrin Williams yn *Sonedau Pnawn Sul* yn bwydo'r cerddi ac yn bwydo arnynt gan greu dimensiynau ychwanegol, yn amlygu'r modd y gwireddodd Iwan Llwyd ei ddyhead i fod yn artist aml-gyfrwng. Felly hefyd y tair cyfres deledu drawiadol a gynhyrchwyd gan Michael Bayley Hughes o gwmni Telegraffiti ac a seiliwyd ar argraffiadau'r bardd ar daith yng Nghymru a hyd a lled De a Gogledd America.[59]

Pan gafwyd pleidlais trwch blewyn i sefydlu cynulliad yn 1997 daeth pennod i ben yng ngyrfa'r bardd yn ogystal ag yn hanes diweddar Cymru. Mewn cerdd stoicaidd ei natur i nodi'r groesffordd honno ar ei fap personol, er bwrw cilwg yn ôl yn y drych, tuag ymlaen unwaith yn rhagor y cyfeiriodd ei olygon:

> ond fe ddaeth rhai ohonom o le pell,
> lle tywyll a'r goleuadau'n pylu,
> trwy groen ein dannedd

fe ddaethom ni oddi yno'n gyfan,
fel bwganod brain:

ac efallai ein bod ni wedi newid:
mae ôl llwch y daith ar ein dillad,
mae'r sgwrs yn wahanol,
yn llawn chwerthin annisgwyl
a siarad plaen:

achos ni fuom ni yma o'r blaen,
ac mae hynny ynddo'i hun
yn destun llawenydd:
medrwn gychwyn o'r fan hyn,
mae 'na ffordd ymlaen.[60]

A dyna'r cymesuredd yna eto. Nid oes angen llawer o
ddychymyg i weld sut y mae pererindod Rhys a'i fam yn y
casgliad 'Gwreichion' yn parhau yng ngweithiau diweddarach
y bardd, gyda'i siomedigaethau a'i dadrithiadau, ond gyda'i
phwyslais o hyd ar gyrchu a chanfod 'darn o haul mewn dwrn
hualog' a'i ffydd waelodol ym mherthynas pobl â'i gilydd a'u
dyheadau. Mae'r pennill sy'n cloi cerdd agoriadol y gyfrol
*hanner cant* fel pe bai'n crynhoi'r sylweddoliad:

yn y bôn y cyfan yw byw
yw bod yn barod i dorri gair
â'r gŵr diarth ar y groesffordd.[61]

Yn ei aralleiriad o ddiweddglo un o gerddi enwocaf y Dylan
arall hwnnw y bu Iwan Llwyd yn ei edmygu, ceir crynodeb
teg o faich y weledigaeth a fynegwyd am y tro cyntaf yn
Eisteddfod Ryng-golegol Bangor 1979:

gwrthod ymollwng a diffodd y golau,

ond rhegi a rhuo rhag ildio i'r gwyll.[62]

Do, daeth o le pell, o dir neb diwedd y saithdegau, gan godi i'r her a osododd iddo ef ei hun o gyrchu'r tir cyffredin:

Yr ydan ni'n byw trwy gyfnod o ddieithrio ac ansefydlogrwydd, o fynd a dod diderfyn ... Fel rhai sy'n sgrifennu ac yn creu trwy gyfrwng y Gymraeg mae'n rhaid mynd i ganol y dieithrwch a cheisio creu gwaith newydd o'r dieithrwch. Mewn lle dieithr mae'n anodd iawn canfod tir cyffredin rhyngoch chi a'r rhai yr y'ch chi'n ceisio siarad â nhw. Dyna'r her i unrhyw un sy'n sgrifennu yn y Gymraeg.[63]

Trwy flynyddoedd pan fu tuedd gan rai 'i edrych drwy wydrau lliw'[64] ac eraill i beidio â chodi eu pennau 'uwch y gwrthban, / dim ond swatio yno / yn gynnes a chlyd',[65] daliodd Iwan Llwyd i'w 'dweud hi fel y mae' chwedl un o'i arwyr cerddorol pennaf, gan oleuo'r ffordd tuag at yr Eldorado honno 'lle mae'r gorwel a'r llinell wen yn un'.[66]

# Nodiadau

1  Diweddariad o erthygl a gyhoeddwyd gyntaf yn *Y Patrwm Amryliw, Cyfrol 2*, gol. Robert Rhys (Cyhoeddiadau Barddas, 2006)

2  'Y Golomen (2)', *Dan Ddylanwad*, t.126

3  Yn Abertawe, flwyddyn yn ddiweddarach, enillodd gadair yr Eisteddfod Ryng-golegol am yr eildro. Yna, ym mis Mehefin 1980, cipiodd gadair Eisteddfod yr Urdd Bro Colwyn.

4 'Y Ffynnon', *Yr Awen 1979: Eisteddfod Ryng-golegol Bangor*, t.4

5 Peredur Lynch, 'Y Beirdd Gwâr a Blin', *Barn*, 360/361(Ionawr/ Chwefror 1993), t.91

6 'Barddas yn holi Iwan Llwyd', *Barddas*, 161 (Medi 1990), t.8

7 'Gwreichion', *Cyfansoddiadau a Beirniadaethau Eisteddfod Genedlaethol Cwm Rhymni 1990*, t.37

8 'Gwreichion', *Cyfansoddiadau a Beirniadaethau Eisteddfod Genedlaethol Cwm Rhymni 1990*, t.39

9 Wiliam Owen Roberts, 'Gwreichion Iwan Llwyd', *Taliesin*, 80 (Ionawr/Chwefror 1993), t.26

10 'Diwylliant y Canu Pop', *Taliesin*, 90 (Haf 1995), t.48

11 *Mae'n gêm o ddau fileniwm*, t.104

12 'Sul', *Cerddi Ianws Poems* (Gwasg Gomer, 1979), t.20

13 Er bod y tri beirniad yng nghystadleuaeth y Goron yn Eisteddfod Genedlaethol Caernarfon 1979 wedi gosod cerddi Ianws ar y blaen, gan fod y cerddi'n gywaith rhwng dau, barnwyd bod Ianws wedi torri amodau'r gystadleuaeth.

14 'Rowlio Cerrig', *Barddas*, 252 (Mai/Mehefin 1999), t.27

15 Cyfansoddodd Brecht y gerdd 'A Bad Time for Poetry' yng nghyfnod y Natsïaid.

16 '1976', *Be 'di Blwyddyn Rhwng Ffrindia?*, t.88

17 'Ffenestri', *Cyfansoddiadau Llenyddol Buddugol Eisteddfod Genedlaethol Urdd Gobaith Cymru Bro Colwyn 1980*, t.24

18 'Steddfod yn y Ddinas', *Hen Wlad fy Nhadau* (Recordiau Sain, 1978)

19 Sion Eirian, 'Profiadau Llencyndod', *Cyfansoddiadau a Beirniadaethau Eisteddfod Genedlaethol Caerdydd 1978*, t.31

20 'Gwreichion', *Cyfansoddiadau a Beirniadaethau Cwm Rhymni 1990*, t.38

21 'Gwreichion', *Cyfansoddiadau a Beirniadaethau Cwm Rhymni 1990*, t.43

22 'Gwreichion', *Cyfansoddiadau a Beirniadaethau Cwm Rhymni 1990*, t.38

23 '11.12.82', *Dan Anesthetig*, t.9

24 'Golygfa 8: Cymudo' yw'r unig un o gerddi 'Gwreichion' a gyhoeddwyd yng nghyfrolau'r bardd. Fe'i cyhoeddwyd yn y gyfrol *Dan Ddylanwad* o dan y teitl 'Ffordd Osgoi'.

25 'Gwreichion', *Cyfansoddiadau a Beirniadaethau Cwm Rhymni 1990*, t.42

26 'Cymryd Siawns ar Yfory', *Barddas*, 221/222 (Medi/Hydref 1995), t.41

27 T. H. Parry-Williams, 'Ar Encil', *Myfyrdodau* (Gwasg Aberystwyth, 1957), t.63

28 'Bardd', *Be 'di Blwyddyn Rhwng Ffrindia?*, t.101

29 'Cyflwyniad', *Sonedau Bore Sadwrn*, t.3

30 'Cydnabod Cynulleidfa', *Barddas*, 227 (Mai/Mehefin 2004), t.38

31 'Barddoni (yn Gymraeg)', *Dan Anesthetig*, t.2

32 'The Present Situation', *A Guide to Welsh Literature 1900–1996*, gol. Dafydd Johnston (Gwasg Prifysgol Cymru, 1998), t.272

33 'The Present Situation', t.282

34 'Bardd mawr ei genhedlaeth', *Barn*, 419/420 (Ionawr 1998), t.72

35 'Yfory', *Barddas*, 216 (Ebrill 1995), t.10

36 'Y Bardd yn ei Archfarchnad: Holi
Iwan Llwyd', *Barn*, 355/356 (Awst/
Medi 1992), t.16

37 'Awen o Waeau', *Llais Llyfrau*
(Gwanwyn 1991), t.8

38 'Barddoni (yn Gymraeg)',
*Dan Anesthetig*, t.2

39 'Bardd', *Dan fy Ngwynt*, t.38

40 Hon oedd y ddrama olaf a
lwyfannwyd gan gwmni theatr
Hwyl a Fflag, sef y cwmni y bu
Iwan Llwyd yn weinyddydd iddo
am rai blynyddoedd. Gan gymryd
trydedd gainc y Mabinogi fel
sylfaen, mae'r ddrama yn ymdrin
â'r tensiynau yng nghymunedau
gwledig gorllewin Cymru, ac yn
darlunio ymdrech un teulu yng
ngwaelodion sir Aberteifi i gynnal
yr hyn sy'n weddill o'r dreftadaeth
wledig.

41 'Y gwylwyr', *Be 'di Blwyddyn
Rhwng Ffrindia?*, tt.37–8

42 'Wedi'r angladd', *Dan Anesthetig*,
t.35

43 'Trais a threfn', *Dan Anesthetig*, t.17

44 'Bardd', *Be 'di Blwyddyn Rhwng
Ffrindia?*, t.102

45 Llion Jones, 'Bardd *Sans Frontière*',
*Taliesin*, 102 (Haf 1998), t.112

46 'Dan ddylanwad', *Dan
Ddylanwad*, t.14

47 Gerwyn Williams, 'Darlunio'r
Tirlun Cyflawn', *Sglefrio ar Eiriau*,
gol. J. Rowlands (Gwasg Gomer,
1992), t.117

48 'Darlunio'r Tirlun Cyflawn', t.117

49 gweler 'Myth y traddodiad dethol',
*Llais Llyfrau* (Hydref 1982), t.10

50 'Wedi'r ŵyl (i Siôn Aled)',
*Sonedau Bore Sadwrn*, t.11

51 'Traethau', *Sonedau Bore Sadwrn*,
t.8

52 'Y seithfed don', *Dan Anesthetig*,
t.49

53 'Dalen Lân', *Barddas*, 229/230
(Mai/Mehefin 1996), tt.6–7

54 'Tref', *Be 'di Blwyddyn Rhwng
Ffrindia?*, t.180

55 'Gadael', *hanner cant*, t.100

56 'Ym Mae Ceredigion', *Be 'di
Blwyddyn Rhwng Ffrindia?*, t.34

57 'Best of a Bad Bunch', *Dan
Ddylanwad*, t.124

58 Gweler yn arbennig y cerddi a
gomisiynwyd gan Lyfrgell
Genedlaethol Cymru yn y
flwyddyn 2000 ar gyfer
arddangosfa arbennig yn nodi
chwe chanmlwyddiant dechrau
gwrthryfel Owain Glyndŵr. Mae'r
cerddi a luniwyd mewn ymateb i
ddarluniau gan Margaret Jones
i'w gweld mewn cyfrol arbennig a
gyhoeddwyd i gyd-fynd â'r
arddangosfa.

59 *Dan Ddylanwad*: cyfres o dair
rhaglen yn dilyn ymweliad Iwan
Llwyd â Gogledd America; *Dan
Draed*: cyfres o dair rhaglen yn
dilyn y bardd ar daith ar hyd a
lled Cymru; *Eldorado*: cyfres o
chwe rhaglen yn dilyn taith Twm
Morys ac Iwan Llwyd i Dde
America.

60 'Y daith', *Be 'di Blwyddyn Rhwng
Ffrindia?*, t.161

61 'Yn gawdel mewn glas', *hanner
cant*, t.9

62 'Richard Jenkins', *Dan Anesthetig*,
t.25

63 'Tir Neb y Teledu', *Barddas*, 203
(Mawrth 1994), t.8

64 'Paradwys Ffŵl', *Sonedau Bore
Sadwrn*, t.6

65 'Y daith', *Be 'di Blwyddyn Rhwng
Ffrindiau*, t.160

66 'Eldorado', *Be 'di Blwyddyn
Rhwng Ffrindia?*, t.122

LLION JONES

'Santa Fe'
Parry-Williams
oedd ei 'Far Rockaway'

# IWAN LLWYD

# FEL COLOFNYDD

# BARDDAS

*Alan Llwyd*

Oganol y nawdegau ymlaen, bu Iwan Llwyd yn un o golofnwyr sefydlog y cylchgrawn *Barddas*. Roedd wedi cyfrannu ysgrifau, erthyglau a cherddi i'r cylchgrawn cyn hynny, ond pan wahoddais ef i fod yn golofnydd rheolaidd, derbyniodd y gwahoddiad yn ddibetrus. Yn rhinwedd fy swydd fel golygydd y cylchgrawn ar y pryd, roeddwn yn chwilio am amrywiaeth o leisiau, ac am amrywiaeth o syniadau a safbwyntiau hefyd. Gwyddwn am syniadau heriol, radicalaidd Iwan Llwyd, a dyna un rheswm pam y gofynnais iddo gyfrannu colofn reolaidd i'r cylchgrawn. Roedd ganddo olygwedd wahanol ar bethau. Roedd hefyd yn feddyliwr craff. Nid herio er mwyn herio a wnâi, ond herio er mwyn ennyn ymateb, procio i gael eraill i fyfyrio ar y materion a'r pynciau mwyaf arwyddocaol a mwyaf sylfaenol i ni fel Cymry. Roedd Iwan yn genedlaetholwr ac yn rhyngwladolwr ar yr un pryd, yn drwbadŵr ac yn delynor, yn draddodiadydd ac yn fodernydd.

Yr un themâu a phynciau a drafodai dro ar ôl tro. Âi i'r afael â materion digon dyrys a chymhleth, a thrafodai'r pethau hyn oherwydd eu bod yn berthnasol ac yn hanfodol i'n goroesiad ni fel cenedl. Pryderai am ddyfodol barddoniaeth. I ba raddau yr oedd traddodiad yn bwysig? A oedd lle i draddodiad yn ein hoes arbrofol, aml-gyfryngol ni? A beth am y berthynas rhwng technoleg a barddoniaeth? Sut y dylai'r Gymraeg, a barddoniaeth Gymraeg, ymateb i oes mor aflonydd ac ansefydlog â'n hoes ni? A beth am y berthynas rhwng y bardd a'i gynulleidfa? Yn wir, pwy yw cynulleidfa'r bardd, os oes iddo gynulleidfa o gwbl? Thema fawr arall ganddo oedd hunaniaeth, ac roedd yn effro iawn i ysbryd a naws man a lle. Felly, dyma archwilio rhai o'i themâu a'i safbwyntiau.

Roedd Iwan yn ymwybodol iawn o'r ffaith fod yr hen ffordd draddodiadol o fyw – o dderbyn yr ystrydeb honno am eiliad – wedi hen ddarfod â bod, hynny yw, roedd llawer o ddiwydiannau ac arferion y gorffennol wedi diflannu i ebargofiant, a'r diwylliannau a oedd ynghlwm wrth y diwydiannau hynny wedi darfod yn sgil eu diflaniad. Un o'i themâu cyson yw'r berthynas rhwng gorffennol, presennol a dyfodol cenedl. Sut y gall y Gymraeg oroesi a ffynnu mewn byd lle mae technoleg yn carlamu ymlaen a'r iaith dan warchae ar bob tu? A all y gorffennol faethu'r dyfodol, ac os y gall, sut yn union? A sut y mae trosglwyddo'r gorffennol i'r genhedlaeth ifanc bresennol, a hynny mewn modd ystyrlon ac arwyddocaol, a defnyddiol. Meddai, wrth sôn am y diwydiant llechi, wedi iddo fod yn cynnal gweithdy gyda phlant ysgol yn Amgueddfa Lechi Llanberis un tro:

> Mae'n braf cael gweithio gyda chenhedlaeth newydd yn Amgueddfa Lechi Llanberis, a'u hatgoffa nhw – llawer ohonyn nhw – am brofiadau a dewrder eu tadau a'u teidiau a'u cyndeidiau. Daw llawer erbyn hyn o gefndir cwbl ddiarth ac estron, ond eto, mae llawer ohonynt hwythau yn medru gwerthfawrogi'r gymdeithas, a'r cyfeillgarwch, a oedd yn sail i ddiwylliant y caban a'r ponciau. Y tristwch efallai yw nad oes diwydiant na chymdeithas debyg i un y chwareli yn sail i fywyd y genhedlaeth hon. 'Does dim crefft na disgyblaeth yn ffurfio eu geirfa na'u straeon – heblaw Harry Potter ac S Club 7. Fedr neb fyth atgyfodi diwylliant a disgyblaeth y gorffennol – sôn am Amgueddfa rydw i wedi'r cyfan. Ond weithiau mae'n werth ystyried beth sy gennym ni heddiw i lenwi'r gwagle a adawyd gan ddiflaniad diwydiant a diwylliant cyfan gwbl Gymraeg a Chymreig.[1]

Mae'r gorffennol, felly, yn bwysig, ond nid edrych yn ôl yn hiraethus tua'r gorffennol a wnâi Iwan. Roedd dyn, meddai, yn yr oes fodern aflonydd hon, wedi colli cysylltiad â'i gynefin ac â'i wreiddiau, sef yr union gysylltiad parhaol a rôi sefydlogrwydd i'r Gymraeg a'i diwylliant yn y gorffennol. Daeth oes y dadwreiddio mawr:

'Dan ni'n byw mewn oes sy wastad ar grwydr. Mae 'na bobl yn mudo, allfudo, yn mewnfudo o bob rhan o'r byd. Mae'r rhan fwyaf o bobl yn teithio filltiroedd os nad oriau yn ôl a 'mlaen o'r gwaith. 'Dydi cysylltiad pobl â'u tir, â'u cymdeithas, â'u gwlad ddim yr hyn oedd o hyd yn oed ugain mlynedd yn ôl. A fi fyddai'r cyntaf i gyfaddef 'mod i bellach yn perthyn mwy i'r byd rhyngrwydol nag yr ydw i i unrhyw gymdeithas real yn fy ardal fy hun.[2]

Mae pobl, meddai, 'dan gochl moderniaeth a chyfoesedd ... wedi colli golwg ar eu cysylltiad â man a lle a llwyth. Maen nhw wedi colli cysylltiad â'r tir o dan y tarmac, y llwybrau o dan y concrid'. Ac yna, ceir ei gyffes ffydd:

'Dwi'n gredwr cry' mewn gwthio ffiniau, chwalu rheolau, ond bod yn rhaid gwneud hynny ar sail canrifoedd o iaith a thraddodiad a chyfarwyddyd. 'Does dim modd troi'r cloc yn ôl. Mae'n plant ni'n teithio'r byd ar eu blwyddyn fwlch, yn gweld llawer mwy yn ddeunaw oed nag a welais i yn ddeg ar hugain. Ond eto, ym mêr ein hesgyrn, 'dan ni'n gwybod ar ba ochr i'r wal yr ydan ni'n sefyll: gyda'r cenhedloedd a'r ieithoedd sy'n darfod, yn cael eu mygu yng nghysgod y wal.

Oedd, roedd yn credu mewn gwthio'r ffiniau a thorri'r rheolau, ond nid trwy anwybyddu'r gorffennol y gwneid hynny. Ein traddodiad yw un o'n prif arfau yn y frwydr i amddiffyn hunaniaeth cenedl. Ond ni all y traddodiad hwnnw aros yn ei unfan. Rhaid ei addasu a'i gymathu ar gyfer gofynion oes wahanol. 'Gwthio ffiniau, agor drysau newydd, ymestyn posibiliadau, cyrraedd cynulleidfa newydd a gwahanol,' meddai mewn colofn arall, gan nodi y dylai unrhyw un sy'n ymwneud yn greadigol â'r Gymraeg gadw'r pethau hyn mewn cof.[3] 'Mae peidio ag ymfodloni a mynd i rigol yn rhan o gymeriad unrhyw berson creadigol,' ategodd. Yr oedd, fel yr awgrymwyd eisoes, yn fardd ac yn llenor rhyddiaith a allai ymateb yn synhwyrus ac yn ddeallusol i ysbryd a naws man a lle. Roedd enwau lleoedd yng Nghymru yn golygu llawer iddo, a hynny oherwydd bod yr enwau hynny wedi crisialu canrifoedd o hanes a chwedloniaeth a thraddodiadau. Roedd enwau o'r fath yn faeth o'r gorffennol i'r dyfodol, yn amddiffynfa rhag yr anffurfiaeth a wthid arnom gan genhedloedd mawr y byd. Meddai yn rhifyn Nadolig 2004 o *Barddas*, ar ôl iddo fod yn gweithio am ddau benwythnos cyfan yn ystod haf 2004 gyda Sgwadiau 'Sgwennu Gwynedd yn Nhŷ Newydd, Llanystumdwy:

Mae mapiau o Wynedd ac Eryri yn drysorfeydd o enwau a hanesion, a llawer o'r ystyron gwreiddiol wedi mynd yn angof erbyn hyn. Ond mae enwau fel Mur Clwt Lloer neu Dyddyn y Wrach yn canu hefyd, yn arbennig i blant. ac mae modd eu defnyddio i danio'r dychymyg ac i ysgogi creadigolrwydd. Mae hen hanes a diwylliant ein hardal ynghlo yn y geiriau a'r enwau ar dai ac afonydd, cymoedd a mynyddoedd. Drwy ddefnyddio'r cyfoeth sydd yn y geiriau a'r enwau mae modd edrych ar ein byd global, unffurf mewn modd newydd a gwahanol, a rhoi cyfle i'r plant, llawer ohonynt wedi symud i Wynedd i fyw ac wedi meistroli'r iaith yr un pryd, i weld y byd o berspectif gwahanol i'r un a welir o ddydd i ddydd ar y cyfryngau torfol a'r we.[4]

ALAN LLWYD

Disgrifiwyd enwau lleoedd ganddo mewn colofn arall fel '[t]rysorfa sy'n mynd â ni'n ôl ganrifoedd'.[5] Ac meddai:

Fel siaradwyr Cymraeg yr ydan ni yn eistedd ar drysorfa o enwau llefydd a phobol a hanes nad oes dim byd yn cyfateb iddyn nhw ar wyneb y greadigaeth yma. Mewn sesiwn gyda phlant ysgol gynradd Llandrillo ger Corwen yn ddiweddar fe ddysgais i am enwau fel Galltiaen, Tyfos a Llechwedd Cilan, enwau sy'n gyfarwydd i'r plant, gan eu bod nhw'n byw yno, ond enwau nad oes neb go iawn wedi ceisio eu hesbonio iddyn nhw. Wrth ymweld yn gyson ag ysgolion ym mhob rhan o Gymru, 'dwi wrth fy modd yn clywed enwau a geiriau o'r fath a cheisio mynd i'r afael â nhw, ond dydw i 'chwaith ddim yn arbenigwr, a'r cyfan y medra' i ei wneud fel arfer yw rhoi ymgais ar ddadansoddi'r enwau a rhoi cynnig ar ystyr.

Mae'r enwau hyn, sy'n llawn o hanes, y tu hwnt i afael ein hoes fodern ansefydlog a gordechnolegol. Mae'r enwau hyn hefyd yn gwarchod hunaniaeth:

Mae ein hanes a'n chwedleuon ni wedi eu dal yn ein bröydd a'n hardaloedd. 'Does dim rhaid edrych ymhellach na hynny i fedru gweld y darlun ehangach o'r hyn a ddigwyddodd yng Nghymru a Phrydain dros y 3,000 blynedd diwethaf a mwy. Dyna lle y dylai addysg ein plant ni gychwyn. Oherwydd y teledu a'r cyfrifiadur mae eu dychymyg a'u meddyliau nhw eisoes yn America a Tseina a'r dwyrain pell. Ond mae eu hanes go iawn nhw wrth eu traed. Mae llawer o sôn y dyddiau yma, yn arbennig gan Gordon Brown a'i ddisgyblion, am 'Brydeindod' – ond y gwir yw bod y Cymry yn gwybod llawer iawn mwy am 'Brydeindod' o'r iawn ryw nac unrhyw un o'r tu arall i Glawdd Offa. Onid ydan ni yn gwybod yn iawn

ALAN LLWYD

pam y codwyd Clawdd Offa yn y lle cyntaf, ac am gaerau Brythonaidd Tre'r Ceiri a Phen Dinas, a pham y codwyd cestyll Ffasgaidd Caernarfon a Chonwy, ac am Sycharth a Phennal, ac Ystrad Fflur? Wel, fe ddylem ni. Oherwydd ym meini yr holl lefydd hyn mae patrwm ac olion ein hanes arbennig ni, sy'n ddrych i hanes yr ynysoedd hyn.

'Ni ydi'r Prydeinwyr cyntaf,' meddai Iwan, ac oherwydd hynny, '[g]adawed i'r Saeson, a'r Saeson sy'n dod i fyw i'n plith, ystyried pwy ydyn nhw, ac i bwy maen nhw yn perthyn'.

"Does dim dianc rhag arwyddocâd a phwysigrwydd llefydd mewn llenyddiaeth, a barddoniaeth yn arbennig,' meddai yn 'O le i le', teitl ei golofn yn rhifyn Ebrill / Mai 2006 o *Barddas*, ac roedd hynny'n arbennig o wir amdano ef ei hun.[6] Roedd daearyddiaeth a llenyddiaeth yn un iddo. Un o hanfodion barddoniaeth, meddai, oedd y gallu i gyfleu naws ac arwyddocâd gwahanol leoedd trwy gyfrwng barddoniaeth:

'Dan ni i gyd yn gyfarwydd â'r profiad o fod mewn llecyn arbennig a bod y lle hwnnw yn cyffroi rhyw deimladau neu fyfyrdodau arbennig sy'n deillio o fan a lle go iawn, ac o'r lle hwnnw ar adeg arbennig o'r dydd, mewn golau arbennig, neu yn ystod cyfnod neu adeg arbennig o fywyd rhywun. Dyma un o hanfodion barddoni yn fy marn i, medru cysylltu profiad neu deimlad â lle ac adeg benodol. Dyma un ffordd o wneud y teimlad a'r profiad hwnnw yn hygyrch i gynulleidfa neu ddarllenwr unigol.

Y bardd a enwid fwyaf gan Iwan yn ei golofnau oedd T. H. Parry-Williams, a Guto'r Glyn yn ail iddo. Y gerdd a enwid amlaf ganddo oedd 'Santa Fe', un o gerddi taith enwog Parry-Williams. 'Santa Fe' Parry-Williams oedd ei 'Far Rockaway' yntau. Yn sicr, T. H. Parry-Williams oedd y prif ddylanwad ar Iwan. Meddai, yn yr un golofn:

'Does neb o blith beirdd Cymru yn fwy ymwybodol o arwyddocâd a grym enwau llefydd na T. H. Parry-Williams. Wylodd gan enw – Santa Fe – ac mae ei gerdd fawr 'Bro' wedi ei britho ag enwau llefydd sydd wedi dal ei ddychymyg o gwmpas Rhyd-ddu. Mae Waldo yn fardd arall a oedd yn ingol ymwybodol o rym a chyfaredd enwau. Synhwyrodd o bwysigrwydd delwedd y tŷ a'r neuadd yn ein hanes a'n barddoniaeth, gan gyfeirio'n ôl at gyfnod y cywyddwyr mawr a grwydrai Gymru yn canu i berchnogion Cochwillan a'r Penrhyn, Ystumllyn ac Ystumcegid, a'r holl gartrefi nawdd, abatai a thai crefydd ar hyd a lled Cymru.

Nid pregethu plwyfoldeb yr oedd Iwan pan drafodai bwysigrwydd enwau lleoedd. Roedd enwau lleoedd mewn gwledydd eraill yn ogystal ag yng Nghymru yn cyffroi ei ddychymyg – enwau fel 'Route 66' yn America. Roedd Iwan Llwyd yn eang ei ddiwylliant ac yn amrywiol ei ddiddordebau, ac roedd yr un mor gartrefol yn trafod caneuon poblogaidd America ag yr oedd yn siarad am farddoniaeth Gymraeg. Gallai awgrymu ateb pendant i'r broblem hon o barhad y diwylliant Cymraeg yn wyneb y bygythiad enfawr iddo o du'r diwylliant Eingl-Americanaidd. Cymysgwyd mân ddiwylliannau i greu un diwylliant mawr, cryf ac amlochrog yn America. Trwy gael y Gymraeg i dderbyn y diwylliant

ALAN LLWYD

cryfach, trwy addasu a chymathu, byddai'r diwylliant cryfach yn rhan o ddiwylliant y Gymraeg, ac nid yn elyn iddo. Dyna a wnâi Iwan ei hun. Yn ei golofn 'Route 66 ac ŵy Burrito', cyfeiriodd at gân y Rolling Stones, 'Get your kicks on Route 66'. Yr oedd i Route 66 hefyd hud a hanes:

> Roedd Route 66 yn clymu Chicago yng ngogledd-ddwyrain yr Unol Daleithiau â San Ffransisco, ar arfordir y Môr Tawel yn y de-orllewin. Dyma'r wythïen fawr oedd mor ganolog i'r breuddwyd Americanaidd. Roedd yn cynrychioli hen ysbryd y 'frontier' a'r paith, a'r daith ddi-ben-draw tua'r gorllewin a'r haul ac aur Califfornia. Dyma'r ysbryd o deithio a mentro a chwilio gorwelion a phrofiadau newydd sy mor bwysig yng ngwaith sgrifenwyr fel Jack Kerouac, 'road movies' fel *Easy Rider*, a chaneuon rhai fel Bob Dylan a Bruce Springsteen. Mae rhyddid y lôn yn gymaint rhan o ddiwylliant y byd newydd ag ydi gwreiddiau a chlymau bro a thylwyth yn yr hen fyd.[7]

Ac fe gafodd Iwan yntau gyfle i weld Route 66:

> Fe ddes i ar draws Route 66 yn Albequerque yn New Mexico yn sgil y cyfle unwaith-ac-am-byth a gefais i greu rhaglenni ar gyfer S4C ar y profiad o groesi America. Roedd gweld y geiriau Route 66 ar arwydd ffordd fel cael cip ar Forfudd yn cerdded muriau castell Aberystwyth – cael cip ar chwedl neu fyth. Ond fel Morfudd fel yr haul, 'does 'na ddim llawer o ôl gwythïen fawr y Route 66 ar ôl bellach. Fe'i cuddiwyd dan yr 'Interstates' a'r 'Freeways' newydd, sy'n gweu eu cadwynau concrid am bob un o ddinasoedd America erbyn hyn – pob un ohonyn nhw yn union yr un fath, a'r 'trailer parks' a'r 'shopping malls' yn ymestyn ar eu hyd yn ddiddiwedd.

Mae'r cyfeiriad at Forfudd, cariadferch Dafydd ap Gwilym, yn arwyddocaol. Ym myd Iwan Llwyd gallai Dafydd ap Gwilym a Bob Dylan, T. H. Parry-Williams a Neil Young, gyd-fyw yn rhwydd â'i gilydd. Roedd yn fyd heb iddo ffiniau. Meddai, gan gyfeirio at gerdd T. H. Parry-Williams, 'Santa Fe', unwaith yn rhagor, a chân Neil Young, 'Albuquerque' ('Well they say that Santa Fe is less than 90 miles away'):

> T. H. Parry-Williams a Neil Young yn teithio'r Route 66 am Galiffornia, a ninnau yn dilyn ôl eu traed. A'r ddau, trwy gyfrwng eu hieithoedd eu hunain a'u cyfryngau eu hunain, yn mynegi y profiad hwnnw i'w cynulleidfaoedd eu hunain. Er gwaethaf delwedd unieithog, unffurf yr US of A – y gwir yw mai cyfandir yn frith o ieithoedd a diwylliannau gwahanol yw'r Unol Daleithiau – ac er gwaethaf pob ymdrech ganolog i ffurfioli'r diwylliant Eingl-Americanaidd, mae'r amrywiaeth a'r enfys o bobloedd ac ieithoedd yn cryfhau bob gafael. Ac oherwydd y cryfder aml-ddiwylliannol hwnnw, 'dydi perthyn i ddiwylliant lleiafrifol fel eiddo'r Cymry ddim mor ddieithr â hynny erbyn hyn. Fe fyddai T. H. Parry-Williams a Neil Young yn gyffyrddus iawn yng nghwmni'i gilydd yng nghrochan y cenhedloedd.

Ond rhaid pwysleisio mai ateb Iwan Llwyd i'r broblem yw hon. Ni fyddai'n gweithio i bawb. Yn un peth, byddai'n rhaid i'r diwylliant brodorol fod yn hynod o gryf i dderbyn y diwylliant mawr, a'i addasu ar gyfer ei ofynion ef ei hun.

Mae ei golofnau yn *Barddas* yn llawn o hanesion ei amryfal deithiau yn America, De America ac Ewrop. Teithiwr oedd Iwan yn anad dim, ac roedd mor aflonydd â'r oes y perthynai iddi. Wrth dalu teyrnged i'r bardd Americanaidd Allen Ginsberg, roedd ganddo hyn i'w ddweud:

> Roedd yn greadigaeth y math o ddiwylliant a gynhyrchodd unigolion fel Bob Dylan, John Lennon a Patti Smith, lle mae'r ffiniau rhwng gwahanol gelfyddydau yn annelwig. Lle mae'r artist wastad yn teithio heb ddisgwyl cyrraedd unrhyw le. Lle efallai nad ydi o yn dymuno cyrraedd unrhyw le. Y daith ei hun yw'r rhyfeddod a'r sialens. Mewn gwlad fel Cymru, yn y cyfnod diweddar, mae'r fath agwedd yn ddiarth. Mae'n rhaid angori popeth mewn man a lle a chyfnod. Eto i mi mae cerddi taith T. H. Parry-Williams ymhlith ei gerddi gorau, lle mae rhyfeddod enwau fel Santa Fe yn pefrio drwy'r cynildeb.[8]

Ie, y daith ei hun oedd y rhyfeddod a'r her iddo. Ac eto, unwaith y cyrhaeddai ben y daith roedd yn aml yn cymharu cyflwr iaith a diwylliant y lleoedd yr oedd yn ymweld â nhw â sefyllfa'r Gymraeg a'i diwylliant. Ac er cymaint oedd ei ogwydd tuag at y diwylliant Eingl-Americanaidd, gallai ddatgan hyn, wedi iddo ymweld ag ynys Mallorca: 'Yr hyn a'm trawodd i yn Mallorca yw fod gennym ni yng Nghymru fwy yn gyffredin â diwylliannau bychain gweddill Ewrop, fel diwylliant Mallorca a Chatalunya a gwlad y Basg, nag â'r behemoth llesg sy'n bodoli dros y ffin â ni'.[9]

Yn ei golofn 'Bryniau a Phantiau' yn rhifyn Gorffennaf / Awst 1999 o *Barddas*, roedd yn sôn am Bruce Chatwin, awdur *The Songlines*, sef y llyfr a oedd wedi ysbrydoli Iwan i lunio'r cerddi hynny a enillodd Goron Eisteddfod Genedlaethol Cwm Rhymni 1990 iddo. Roedd ei ddisgrifiad o Chatwin yn gweddu'n berffaith iddo yntau hefyd:

> Oherwydd nad oedd ef ei hun yn teimlo'n gartrefol mewn unrhyw un fan am yn hir, daeth i ymddiddori mewn pobl eraill a ymsefydlodd, neu a grwydrodd ymhell o'u cynefin. Pobl wahanol. Ond trwy'r holl grwydro roedd y 'tjuringa', y map personol, yn cyfeirio'r daith.[10]

Roedd gan Iwan hefyd ei fap mewnol, personol, a hwnnw'n orlawn o enwau lleoedd.

Yn ei golofn 'Route 66 ac ŵy Burrito', cyffyrddir â thema gyffredin arall yn ei ryddiaith. Roedd ganddo ddiddordeb mewn lleiafrifoedd, ac mewn ieithoedd lleiafrifol, a'r ieithoedd lleiafrifol hyn yn ddrych y gallai weld cyflwr ei iaith ei hun ynddo. Yn ei golofn 'Hen eiriau anghofiedig' yn rhifyn Ionawr / Chwefror 2008 o *Barddas*, y mae'n sôn am farwolaeth Marie Smith Jones, yr olaf i siarad yr iaith Eyak, un o ieithoedd brodorion de Alaska. Yn ôl yr erthygl bapur newydd a gofnodai ei marwolaeth:

> fe fydd yr iaith Eyak yn goroesi marwolaeth Marie Smith Jones. Mae hi wedi bod yn destun ymchwil ieithegwyr ers blynyddoedd. Yn wahanol i'r mwyafrif o ieithoedd brodorol a llwythol y byd, cafodd yr iaith Eyak ei chofnodi'n helaeth. Mae yna gofnodion fideo a sain, casgliadau o straeon hynafol a geiriadur wedi ei deipio â llaw sy'n 3,000 o dudalennau, y cyfan erbyn hyn ar DVD. Credai'r gŵr a luniodd y geiriadur, Michael Krauss, gan

ALAN LLWYD

adleisio pennaeth yr Jemez, y byddai'r cyfryngau torfol byd-eang yn lladd yr ieithoedd brodorol lleiafrifol. Ac er bod yr iaith yn goroesi ar bapur a disg, heb bobol i'w siarad mae mor ddefnyddiol â Lladin, y straffagliais i yn ofer i'w dysgu yn Ysgol Friars ers talwm.[11]

'Ac yn fwy na'r geiriau eu hunain, mae iaith yn ymgorffori holl hanes a chymeriad diwylliant cyfan,' meddai, gan synio am eiriau yn yr un modd ag y syniai am enwau lleoedd.

Yn rhifyn Gorffennaf / Awst 2002, cafwyd yn o'i golofnau grymusaf, 'Gwyliau ar Ynys Gwales'. Cwyno yr oedd fod yr Eisteddfod yn rhy fodlon ei byd. Ynys Gwales o sefydliad ydoedd mewn gwirionedd:

Mae adar Rhiannon yn canu, a'r hen Ben yn ein diddanu â'i hanesion am yr hen ddyddiau. Mae'r gwin yn llifo, a'r camerâu yn rowlio. A deud y gwir, mae'n debyg iawn i 'Steddfod. A phawb yn gwaredu rhag ofn i rywun godi ac agor y drws.[12]

Lluniodd y golofn ar drothwy Eisteddfod Genedlaethol Tyddewi, 2002. Byddai'r Eisteddfod yn llawn hwyl a miri, fel arfer, meddai: areithiau, cystadlaethau, cyngherddau, gweithgareddau. Gallai'r holl fwrlwm diwylliannol hwn roi'r argraff fod y Gymraeg yn ffyniannus ddiogel, ond nid dyna'r gwirionedd, yn ôl Iwan:

Ond ar yr un pryd, ym Mlaenau Ffestiniog, yn y Trallwng, yng Nghydweli, yn Ffostrasol, fe fydd yr iaith yn diflannu fesul tŷ, fesul teras, fesul stryd. A ninnau heb y sylwedd deallusol i drafod pam mae hyn yn digwydd.

Roedd ei feddyliau, unwaith yn rhagor, yn troi at ieithoedd lleiafrifol y byd, ac uniaethai'r Gymraeg â'r ieithoedd hynny:

> Rhywle yn y byd mae 'na iaith yn diflannu bob yn eilddydd. Yn fforestydd yr Amazon, yng Ngogledd America, yn Affrica. Ar restr yr ieithoedd hynny mae'r iaith Gymraeg yn prysur ddringo i fyny'r siart at y safle critigal. Tra 'dwi'n sgwennu'r erthygl hon mae'r iaith yn marw.

Y broblem oedd fod pawb yn cymryd Cymreictod yn ganiataol, ac yn derbyn y sefyllfa fel ag yr oedd, heb gwestiynu dim. Nid oedd hynny yn ddigon da gan Iwan:

> ... un peth na fydd yn digwydd yn y 'Steddfod eleni, mwy nag unrhyw 'steddfod arall ers cyn fy ngho' i, ydi pobol yn eistedd i lawr go iawn ac yn dadansoddi pam 'rydan ni yn y cyflwr 'rydan ni ynddo fo, a be' fedrwn ni ei 'neud am y cyflwr hwnnw ... Mi fedrwn ni garu'r iaith Gymraeg yn ein c'lonnau, a phrotestio a gweithredu ar ei rhan ar sail emosiynol, ond os ydan ni wedi colli'r gallu i ddadansoddi yn ddeallusol pam 'rydan ni'n dewis siarad iaith wahanol i'n brawd mawr dros y ffin, yna 'dan ni wedi colli'r frwydr.

'[Y]n y bôn be ydi'r 'Steddfod erbyn hyn?' gofynnodd, gan roi'r ateb inni mewn brawddeg gofiadwy: 'Plwg yn nhwll yr argae sy'n dripian yn ddiderfyn drwy'r flwyddyn'.

Roedd yn llawdrwm ar yr Eisteddfod Genedlaethol yn aml. Gwyddai fod y Brifwyl yn un o gadarnleoedd y Gymraeg, ond roedd llawer gormod o fylchau yng ngwahanfur y cadarnle hwnnw. Roedd yn sefydliad rhy barchus a rhy draddodiadol yn aml. Diwylliant ymylol iawn oedd diwylliant yr ifanc yn yr

Eisteddfod. Cynhalient eu cyngherddau roc ar y maes pebyll, neu mewn tafarnau a chlybiau nos, nid ar faes y Brifwyl ei hun. 'Heb i ddelweddau a phrofiadau, ofnau a gobeithion, hwyl a helbul yr ifanc gael eu dwyn i mewn i ganol prif gynnyrch a chystadlaethau'r ŵyl, mae 'na fwlch cynyddol yn datblygu na ellir mo'i bontio – mae'r gyfeiriadaeth yn mynd ar goll, mae'r lluniau yn annealladwy,' meddai.[13] 'Wrth i'r oes newid, fe ddaw'r Steddfod gam neu ddau ar ei hôl,' meddai mewn colofn arall.[14]

Iaith leiafrifol yw iaith y bardd o Gymro. Golyga hynny mai bychan yw ei gynulleidfa ar y gorau, a heb gynulleidfa, yn ôl Iwan, nid oes llawer o ddiben barddoni. Bu'n trafod cynulleidfa'r bardd, a natur a swyddogaeth y gynulleidfa honno, droeon. Credai mai swyddogaeth bardd oedd cyfathrebu â'i gynulleidfa, nid byw bywyd meudwyaidd. Traddododd anerchiad ar y pwnc yng Nghynhadledd yr Academi Gymreig yn Ninbych-y-pysgod ym 1999, a throi'r anerchiad hwnnw yn golofn, dan y pennawd 'Gorau awen heb fratiaith?' 'Cyfathrebu,' meddai, 'ydi hanfod pob barddoniaeth'.[15] Ac os felly, ni all bardd ddefnyddio 'iaith neu ffurf neu ddelwedd nad oes neb arall yn eu deall'. Er hynny, mae'n cyfaddef fod 'barddoniaeth yn fwy na sgwrs, neu ddeialog, neu ddisgrifiad, neu bregeth'. Hynny yw, y mae yna elfen o 'gyfriniaeth' yn perthyn i farddoniaeth, ac ni all cynulleidfa ymateb i'r gyfriniaeth honno, na deall y

AWEN IWAN

gerdd yn iawn, ar un gwrandawiad. Y broblem felly yw: 'Sut mae creu'r gyfriniaeth yna sy'n rhan o bob barddoniaeth dda? Sut mae asio'r gorau o'r bardd telynegol yn ei 'garret' a'r bardd cymdeithasol yng nghanol ei gynulleidfa?'

Archwilio'r broblem hon a wneir wedyn, a daw i'r casgliad fod barddoniaeth yn gyfuniad o dair elfen:

> I mi mae pob barddoniaeth yn gyfuniad o iaith, delwedd a safbwynt ac mae angen y tri. Mae unrhyw farddoniaeth nad yw ond yn gyfuniad o un neu ddwy o'r elfennau hyn yn tueddu i fod yn fflat, yn ddau-ddimensiwn.

Yr elfen gyntaf o'r tair elfen hanfodol yw iaith a mynegiant, a rhaid i'r bardd fod yn ymwybodol o'r holl ddefnyddiau iaith sydd ar gael. Wrth fynd ati i farddoni, 'gellir cyfuno neu amrywio defnydd o iaith urddasol, syml, sathredig, Saesneg, mesur, odl, cynghanedd'. Mae pob un o'r rhain yn rhan o arfogaeth y bardd. Yr enghraifft a rydd o ddefnyddio gwahanol adnoddau iaith, neu ieithweddau, yw cerdd goffa Steve Eaves i'r canwr blws Muddy Waters:

> do, mi glywais i Muddy Waters
> a'i lais yn hy a sarrug a du,
> a *dem blues*,
> *dem blues*,
> *dem rhythm 'n' blues*
> yn treiddio hyd fêr f'esgyrn.

'Mae yma symud o Gymraeg coeth yr 'hy a'r sarrug a'r du' i iaith y blŵs, nes bod y darn bron iawn fel pennill o'r blws ei hun, gan gadw'n driw at destun ac awyrgylch y gerdd,' meddai. Mae'n anodd deall pam y mae'n disgrifio Cymraeg naturiol a chyffredin y llinell 'a'i lais yn hy a sarrug a du' fel enghraifft o Gymraeg coeth, ond gellir deall yr egwyddor, hyd yn oed os yw'r enghraifft yn wan.

Yr ail elfen hanfodol mewn cerdd yw delwedd. 'Yn wahanol i nofel neu ddrama, mae cerdd yn tynnu llun yr eiliad, y foment, ac yn ceisio rhoi i rywun arall ryfeddod neu angerdd y weledigaeth honno,' meddai. Ac fel enghraifft o gipolygon o'r fath, mae'n dyfynnu'r llinellau canlynol o un o'r cerddi a enillodd Goron Eisteddfod Genedlaethol Môn ym 1999 i Ifor ap Glyn:

> Gollyngais fy rasal, a gweld,
>    wrth ei chodi'n sydyn,
> fy mab yn y bwlyn drws pres,
> ei ddwylo'n ymbil fel dau haul
>    a'i fysedd yn pelydru.

Defnyddir delwedd o'r fath, meddai, 'i alluogi'r darllenwr neu'r gwrandawr i ddeall a chydymdeimlo â haenau ystyr a theimlad dyfnach y gerdd'.

Ac yn olaf, safbwynt. Nid safbwynt gwleidyddol neu gelfyddydol a olygai, 'ond safbwynt o ran mynegi rhyw farn neu brofiad neu weledigaeth: bod rhywun ar ôl gwrando neu ddarllen y gerdd yn cytuno neu'n anghytuno, neu o leiaf yn ychwanegu at ei farn neu ei brofiad ef ei hun'. Mae lle i arbrofi â gwahanol elfennau cyferbyniol mewn barddoniaeth – defnyddio 'iaith sathredig mewn cerdd ar thema aruchel', er enghraifft, a chyfosod 'delweddau anghymharus'. Mae'n rhaid i gerdd feddu ar ryw safbwynt neu'i gilydd. Ni all bardd fod yn amhleidiol. 'Yn rhy aml yng Nghymru cedwir at un llais, un ddelwedd, un mesur, un arddull lenyddol hyd at syrffed,' meddai. Yn ôl ei arfer, gwthio'r ffiniau yr oedd Iwan yn y sylwadau hyn ar hanfodion barddoniaeth.

Perthynas ddwyffordd rhwng y bardd a'i gynulleidfa yw barddoniaeth, a gall y gynulleidfa fod mor amrywiol â'r farddoniaeth ei hun:

> ... i gyfathrebu mae angen cynulleidfa – a honno'n gynulleidfa sy'n medru ymateb i'ch delweddau a'ch profiadau chi. Ac nid un gynulleidfa sydd i farddoniaeth yng Nghymru, fel y byddai rhai tonfeddi radio a sianeli teledu am i ni gredu. Mae cynulleidfa barddoniaeth mor amrywiol â chynulleidfa cerddoriaeth neu unrhyw gyfrwng arall, ac ni ddylid credu mai dim ond un ffordd sydd yna o apelio at gynulleidfa. Nid bod bardd yn mynd yn gaeth i'w gynulleidfa – mae'n rhaid i farddoniaeth o bob cyfrwng herio a phrocio ac ysgogi ymateb. Ond mae'n rhaid bod yn ymwybodol o gynulleidfa, a cheisio ei dwyn i mewn i fod yn rhan o'r gerdd, pa mor ddiarth bynnag fo cefndir neu gynnwys y gerdd honno. Mae'n rhaid ffeindio'r ffin rhwng diddanu a dweud.

Credai fod angen mynd â barddoniaeth at y bobl, yn hytrach na gobeithio y dôi'r bobl at y farddoniaeth; ac i ddenu'r gynulleidfa, rhaid oedd marchnata:

Yr angen mwyaf yw i ddenu cynulleidfa sydd nid yn unig yn rhoi boddhad i'r rhai sy'n cyflwyno'u gwaith – ac mae hynny yn elfen a anwybyddir yn amal – ond sy'n cyfrannu at gost y noson neu'r digwyddiad. Ac erbyn hyn mae angen mwy na phwt ar Radio Cymru neu gyhoeddiad yn y sêt fawr i ddenu i noson o farddoniaeth. Mae angen 'gwerthu'r' digwyddiad ar bob lefel posib, ac mae hynny yn galw am adnoddau ac amser. Ac o ystyried y gynulleidfa a'r cyfryngau posib, mae hefyd yn galw am gydweithrediad rhwng gweisg ac awduron, canolfannau a chyrff fel y Cyngor Llyfrau a Chyngor y Celfyddydau. Heb sôn am gydweithrediad a chyd-gynllunio ar draws y ddwy iaith yng Nghymru.[16]

Roedd perfformio gerbron cynulleidfa, mewn gwirionedd, yn cyfuno dau fyd unwaith eto, wrth i wahanol draddodiadau groesi gwahanol ffiniau. Ar un ystyr, roedd darllen barddoniaeth o flaen cynulleidfa yn adfer un o hen draddodiadau'r Cymry, ac roedd traddodiad y gorffennol, unwaith eto, yn cynnal y bardd cyfoes:

Mae'r elfen gymdeithasol honno yn rhan ganolog wrth gwrs yn natblygiad a pharhad y traddodiad barddol yng Nghymru. O'r cyfnod cynharaf roedd gan y beirdd rôl gymdeithasol bwysig, i ddathlu a chofnodi, moli a marwnadu, a chynnal cof y llwyth a'r genedl. Ac nid oedd modd cyflawni'r cyfrifoldebau hyn mewn gwagle. Roedd yn rhaid bod yn ymwybodol o gyd-destun a hanes y llwyth a'i arweinwyr, a chyfleu hynny gerbron gweddill y llwyth, y gynulleidfa.[17]

Ar yr un pryd, o Loegr ac America y dôi'r patrwm a'r ysbrydoliaeth:

Pan ddechreuodd criw ohonom deithio a pherfformio cerddi'n gyhoeddus yn nechrau'r 1980au, roeddem ni'n adweithio yn erbyn cyfnod hir arall lle'r oedd barddoniaeth i raddau helaeth wedi ei gyfyngu rhwng cloriau llyfrau a chylchgronau, neu'r ystafell ddosbarth a darlithio (ac eithrio traddodiad anrhydeddus yr ymrysonau yng nghefn gwlad Cymru wrth gwrs). I raddau roedden ni wedi ein sbarduno gan dueddiadau cyfoes yn Lloegr ac America, sef mynnu ymateb cynulleidfa fyw i gerddi a chaneuon o bob math, yn ddwys a doniol, uniongyrchol a chymhleth.

Gall y berthynas rhwng y bardd a'i gynulleidfa fod yn un arbennig o fuddiol o safbwynt y bardd:

Mae darllen gwaith yn gyhoeddus yn cynnig her wahanol i fardd. 'Does dim lle i falu awyr. Rhaid bod yn gynnil ac yn effeithiol. Rhaid dal diddordeb cynulleidfa drwy gyfuniad o sŵn a synnwyr. Rhaid creu a chynnal naws cerdd, a lle mae nifer o feirdd yn cyflwyno eu gwaith rhaid medru cydweithio, a medru cydbwyso amrywiaeth o arddulliau ac o deimlad. 'Dwi'n credu bod yr holl elfennau hyn yn ddylanwadau pwysig wrth i fardd feithrin ei grefft a'i lais ei hun.

Elfen arall a all weithio o blaid neu yn erbyn y bardd cyfoes yw technoleg:

Un agwedd yn unig ar y sialens sy'n wynebu beirdd a llenorion Cymru, a Chymraeg yn arbennig, yw sialens y dechnoleg. Fe fyddai'n hawdd iawn i ni bydru arni yn dilyn yr arferion a'r patrymau a fu'n cynnal cylchoedd llenyddol a gornestau barddol am flynyddoedd i ddod. Mae'n wir fod to newydd o ymrysonwyr a thalyrnwyr yn codi'n eithaf cyson i fwydo'r ymrysonau, y 'steddfodau a'r cylchoedd trafod. Ond eto, o ystyried rhaglenni'r cylchoedd hyn, a llwyfannau ehangach fel Pabell Lên yr Eisteddfod Genedlaethol, mae'n bryd gofyn cwestiynau eithaf sylfaenol ynglŷn â phwy yw'r gynulleidfa bellach, a phwy yw'r rhai sy'n cyfarch neu'n annerch y gynulleidfa honno. Fe ddylen ni fod yn hynod ymwybodol o dranc yr hen gynganeddwyr a lynodd yn styfnig wrth eu traddodiadau a'u cyfrinachau yn wyneb technoleg newydd yr argraffwasg a gwawr newydd y dadeni yn ôl yn yr unfed ganrif ar bymtheg.[18]

Ni ellid ac ni ellir anwybyddu cynnydd aruthrol gyflym technoleg, ac felly, roedd yn hanfodol fod beirdd a llenorion yn defnyddio'r dechnoleg newydd i hyrwyddo eu llên. 'Y sialens sy'n wynebu unrhyw un creadigol – boed artist neu fardd neu gerddor – ar drothwy'r mileniwm nesaf, yw harneisio'r dechnoleg newydd, a'i defnyddio i atgyfnerthu grym naturiol y dychymyg dynol, yn hytrach na throi'r dychymyg yn wyliwr diog, diymadferth,' meddai mewn rhifyn arall o *Barddas*.[19]

Ymwneud â phroblemau yr oedd Iwan bob tro. Nid colofnau arwynebol oedd ei golofnau, ond colofnau yr oedd llawer o ôl meddwl a myfyrio arnyn nhw. Thema arall ganddo oedd y berthynas fregus ac anodd rhwng dwy iaith Cymru. Credai fod angen mwy o ddeialog rhwng beirdd a llenorion y ddwy iaith. Synnodd cyn lleied o sylw a gafodd llyfr M. Wynn Thomas, *Corresponding Cultures: the two literatures of Wales* yn y wasg Gymraeg wedi iddo ymddangos ym 1999.

Cytunai â Wynn Thomas fod angen llawer mwy o gysylltiad llenyddol rhwng Cymry Cymraeg a'r Cymry di-Gymraeg. 'Mae'n rhaid i mi gyfaddef fy mod innau weithiau yn teimlo yn nes at feirdd di-Gymraeg o Gymru o 'nghenhedlaeth i nag at feirdd sy'n ymlynu wrth ddelweddau a mynegiant sy'n gwbl ddibynnol ar y 'traddodiad barddol' Cymraeg,' meddai.[20]

Ac eto, er iddo ddyheu am gael mwy o gyfathrebu a chyfathrachu rhwng y ddwy garfan, gwyddai pa mor anodd oedd sicrhau bod dwy ochr y glorian yn cydbwyso'n berffaith â'i gilydd. Ofnai weithiau fod y Cymry Cymraeg cynhenid yn gorfod glastwreiddio a symleiddio eu hiaith gyhyrog naturiol er mwyn dysgwyr yr iaith. Roedd teneuo'r iaith yn y fath fodd yn beth hynod o beryglus i'w wneud:

> Yn fy marn i mae'r duedd yma erbyn hyn yn effeithio ar
> bob agwedd ar greadigrwydd Cymraeg – ar lwyfan, ar
> y teledu, mewn papurau newydd a chylchgronau. Hyd
> yn oed ym maes barddoniaeth. Mae yna ymdeimlad na
> fedrwn ni fforddio bod yn uchelgeisiol yn ieithyddol, rhag
> colli cynulleidfa, rhag gelyniaethu ein gobaith ni oll – y
> dysgwyr a'r mewnfudwyr. Hanfod unrhyw lenyddiaeth
> gyfoethog a chyffrous yw'r gallu i ymestyn a herio'r
> dychymyg trwy gyfrwng iaith fentrus ac aml-haenog.
> Oherwydd y wasgfa ar yr iaith Gymraeg ym mröydd ei
> chadarnleoedd 'dan ni'n prysur golli'r tafodieithoedd
> cyhyrog sy'n gymaint rhan o ddadeni ein llenyddiaeth
> yn ystod y ganrif hon. 'Dan ni'n prysur lithro yn ôl i ryw
> ferddwr ieithyddol diddrwg-didda na all gynhyrchu
> barddoniaeth na llenyddiaeth, nac unrhyw gyfrwng
> creadigol arall o werth.[21]

ALAN LLWYD

'Yn fy marn i,' meddai yn yr un golofn, 'mae iaith yn fyw cyn belled â'i bod yn medru cynnal dychymyg a chreadigrwydd, gan amsugno dylanwadau a geiriau newydd neu ddiarth i gyfoethogi'r iaith gynhenid'.

Roedd y mater hwn o eirfa addas, briodol, yn ei boeni. Os credai y gallai ymostwng i lefel dysgwyr ddyfrio'r iaith, oni allai ymostwng i lefel cynulleidfa hefyd ei breuo yn yr un modd, gan ddibynnu, wrth gwrs, ar y math o gynulleidfa a wrandawai ar y farddoniaeth. Ni fynnwn awgrymu bod Iwan yn ei wrth-ddweud ei hun wrth drafod materion o'r fath, ond yn ei golofn 'Yfory', yn rhifyn Ebrill 1995 o *Barddas*, mae'n dyfynnu cerdd ddi-deitl Waldo Williams, 'Nid oes yng ngwreiddyn bod un wywedigaeth', ac meddai:

Er mwyn i farddoniaeth, a dyheadau beirdd, fod yn ddylanwad wrth i'n diwylliant edrych ymlaen tuag at y ganrif nesaf, mae'n rhaid i'r beirdd fedru siarad â'u cynulleidfa. Ac mae'n rhaid iddyn nhw ddefnyddio moddau cyfathrebu sy'n ddealladwy i'w cynulleidfa. Hynny yw, 'does dim diben i feirdd sy'n sgrifennu yn Gymraeg heddiw ddefnyddio ieithwedd a mesurau beirdd oedd yn creu a chyfathrebu yn y ddeunawfed ganrif. Er mor dreiddgar yw'r gerdd a ddyfynnais gan Waldo – pwy heddiw a fyddai'n gwerthfawrogi ei geirfa a'i chyfeiriadaeth? Y sialens sy'n wynebu unrhyw un sydd am sgrifennu neu gyflwyno barddoniaeth yn y Gymraeg heddiw yw canfod iaith a chyfrwng sy'n caniatáu iddo/ iddi fynegi ei deimladau/profiadau dyfnaf – a hynny drwy gyfrwng geiriau a delweddau cyfoethog, heb gael ei alw yn dywyll/amherthnasol/academaidd.[22]

Syml ryfeddol yw geirfa cerdd ddi-deitl Waldo, ac nid yw'n gerdd anodd na thywyll mewn unrhyw ffordd. Ac os yw ieithwedd o'r fath yn rhy anodd gan gynulleidfa fodern, mae'r dyfodol yn dywyll iawn.

Dyna gip ar rai o syniadau Iwan Llwyd fel colofnydd, a chip yn unig. Mewn gwirionedd, mae angen casglu ei ryddiaith ynghyd – ei golofnau yn *Barddas* yn ogystal â'i ysgrifau a'i erthyglau mewn cylchgronau eraill – a'u cyhoeddi'n gyfrol. Yn bersonol, rwy'n falch i mi wahodd Iwan Llwyd i fod yn golofnydd sefydlog yn *Barddas*, ugain mlynedd yn ôl bellach. Rhoddodd ddogn go helaeth o fywiogrwydd a deallusrwydd i'r cylchgrawn; prociodd ein meddyliau, ysgogodd ymateb. A'r tu ôl i bopeth a ysgrifennai, roedd pryder mawr am y Gymraeg a'i diwylliant. Mynnai droi'r pryder hwnnw yn hyder, hyder i fod yn rhan o'r byd mawr technolegol, aml-gyfryngol, unffurf a oedd yn bygwth ein difa.

ALAN LLWYD

# Nodiadau

1 'Gweithio ar wyneb y graig', *Barddas*, 270 (Rhagfyr 2002/ Ionawr 2003), t.17

2 'Y naill ochr i'r wal', *Barddas*, 294 (Awst/Medi/Hydref 2007), t.62

3 'Ymestyn y ffiniau', *Barddas*, 211 (Tachwedd 1994), t.18

4 'Man Arbennig', *Barddas*, 280 (Rhagfyr 2004/Ionawr 2005), t.38

5 'Ceidwaid y drysorfa', *Barddas*, 292 (Ebrill/Mai 2007), t. 25

6 'O le i le', *Barddas*, 287 (Ebrill/ Mai 2006), tt.26–7

7 'Route 66 ac ŵy Burrito', *Barddas*, 209/210 (Medi/Hydref 1994), t.42

8 'Allen Ginsberg 1926–1997', *Barddas*, 241 (Mehefin/Gorffennaf 1997), t.32

9 'Mentro i Mallorca', *Barddas*, 231/232 (Gorffennaf/Awst 1996), t.39

10 'Bryniau a Phantiau', *Barddas*, 253 (Gorffennaf/Awst 1999), t.11

11 'Hen eiriau anghofiedig', *Barddas*, 296 (Ionawr/Chwefror 2008), t.29

12 'Gwyliau ar Ynys Gwales', *Barddas*, 268 (Gorffennaf/Awst 2002), t.53

13 'Cymryd siawns ar yfory', *Barddas*, 221/222 (Medi/Hydref 1995), t.41

14 'O Steddfod i Senedd', *Barddas*, 207/208 (Gorffennaf/Awst 1994), t.28

15 'Gorau awen heb fratiaith?', *Barddas*, 255 (Tachwedd/Rhagfyr 1999/Ionawr 2000), tt.28–9

16 'Asiantaethau ac ati', *Barddas*, 245 (Mawrth/Ebrill 1998), t.28

17 'Cydnabod Cynulleidfa', *Barddas*, 277 (Mai/Mehefin 2004), t.38

18 'Asiantaethau ac ati', *Barddas*, 245, t.28

19 'Ffeindio'r Lefel', *Barddas*, 226 (Chwefror 1996), t.14

20 'Diwylliannau'n cyfathrebu', *Barddas*, 254 (Medi/Hydref 1999), t.43

21 'O enau plant bychain', *Barddas*, 240 (Ebrill/Mai 1997), t.7

22 'Yfory', *Barddas*, 216 (Ebrill 1995), t.10

# Cydnabyddiaethau lluniau

Diolch i Marian Delyth am ddarparu'r detholiad o ffotograffau ar gyfer y gyfrol hon. Bu'n gweithio'n glòs gydag Iwan Llwyd ar sawl achlysur, ac yn arbennig felly ar y gyfrol *hanner cant* a gyhoeddwyd gan Wasg Taf yn 2007.

tt.6–7 Iwan Llwyd, Eisteddfod Genedlaethol Pen-y-bont ar Ogwr, 1998

t.30 Ymddangosodd y ddelwedd hon o Iwan ar glawr *hanner cant*

t.76 a t.145 Iwan Llwyd yn ymateb i weithiau'r Lle Celf yn Eisteddfod Genedlaethol Meirion a'r Cyffiniau, 1997

t.107 Ymgom perfformiadol: 'celfAdeilad', Cywaith Cymru, Eisteddfod Genedlaethol Maldwyn a'r Gororau, 2003

t.153 Geraint Løvgreen a'r Enw Da, gig Twll Tîn i'r Cwîn, Tafarn y Cŵps, Aberystwyth, Mai 1996

t.202 Portread, Iwan Llwyd, 1997

# Detholiad o gyfrolau Iwan Llwyd

*Sonedau Bore Sadwrn*, Y Lolfa, 1983

*Dan Anesthetig* (darluniau gan Iwan Bala), Gwasg Taf, 1987

*Dan fy Ngwynt* (ffotograffau gan Martin Roberts), Gwasg Taf, 1992

*Cywyddau Cyhoeddus*, golygyddion: Iwan Llwyd, Myrddin ap Dafydd, Gwasg Carreg Gwalch, 1994

*Bol a Chyfri Banc*, Iwan Llwyd [ac eraill], Gwasg Carreg Gwalch, 1995

*Dan Ddylanwad* (darluniau gan Anthony Evans), Gwasg Taf, 1997

*Eldorado*, Twm Morys ac Iwan Llwyd, Gwasg Carreg Gwalch, 1999

*Owain Glyn Dŵr 1400–2000*, cerddi Cymraeg gan Iwan Llwyd; cerddi Saesneg gan Gillian Clarke; darluniau gan Margaret Jones, Aberystwyth: Llyfrgell Genedlaethol Cymru, *c*.2000

*Syched am Sycharth: cerddi a chwedlau taith Glyndŵr*, Iwan Llwyd [ac eraill], Gwasg Carreg Gwalch, 2001

*Mae'n gêm o ddau fileniwm*, goln. Iwan Llwyd a Myrddin ap Dafydd, Gwasg Carreg Gwalch, 2002

*Be 'di Blwyddyn Rhwng Ffrindia? (Cerddi 1990–1999)*, Gwasg Taf, 2003

*Cri'r Barcud Coch/Cry of the Red Kite*: cerddi gan ddisgyblion gyda'r prifeirdd Iwan Llwyd a Myrddin ap Dafydd, Cardiau Cefn Gwlad, 2004

*hanner cant* (ffotograffau gan Marian Delyth), Gwasg Taf, 2007

*Rhyw Deid yn Dod Miwn* (ffotograffau gan Aled Rhys Hughes), Gwasg Gomer, 2008

*Sonedau Pnawn Sul* (darluniau gan Catrin Williams), Gwasg Carreg Gwalch, 2009

| NEATH PORT TALBOT LIBRARY AND INFORMATION SERVICES | | | | | | | |
|---|---|---|---|---|---|---|---|
| 1 | | 25 | | 49 | | 73 | |
| 2 | | 26 | | 50 | | 74 | |
| 3 | | 27 | | 51 | | 75 | |
| 4 | | 28 | | 52 | | 76 | |
| 5 | | 29 | | 53 | | 77 | |
| 6 | | 30 | | 54 | | 78 | |
| 7 | | 31 | | 55 | | 79 | |
| 8 | | 32 | | 56 | | 80 | |
| 9 | | 33 | | 57 | | 81 | |
| 10 | | 34 | | 58 | | 82 | |
| 11 | | 35 | | 59 | | 83 | |
| 12 | | 36 | | 60 | | 84 | |
| 13 | | 37 | | 61 | | 85 | |
| 14 | | 38 | | 62 | | 86 | |
| 15 | | 39 | | 63 | | 87 | |
| 16 | | 40 | | 64 | | 88 | |
| 17 | | 41 | | 65 | | 89 | |
| 18 | | 42 | | 66 | | 90 | |
| 19 | | 43 | | 67 | | 91 | |
| 20 | | 44 | | 68 | | 92 | |
| 21 | | 45 | | 69 | | COMMUNITY SERVICES | |
| 22 | | 46 | | 70 | | | |
| 23 | | 47 | | 71 | | NPT/111 | |
| 24 | | 48 | | 72 | | | |